DIE TOTEN HOSEN

ECON Sachbuch

Andrea Müller

DIE TOTEN HOSEN

Punkrock
made in Germany

ECON Taschenbuch Verlag

Veröffentlicht im ECON Taschenbuch Verlag
Originalausgabe

Umschlaggestaltung: Klaus Blumenberg
Titelabbildung: New Eyes GmbH, Hamburg
Lektorat: Ines Bergfort
Gesetzt aus der Bembo
Satz: HEVO GmbH, Dortmund
Druck und Bindearbeiten: Ebner Ulm
Printed in Germany
ISBN 3-612-12006-9

Inhalt

1. **Punk den Jecken**
Rosenmontag mit den Toten Hosen 7

2. **Geliebter Bürgerschreck**
Die Toten Hosen – Haßliebe des deutschen Feuilletons 17

3. **»Opium fürs Volk«**
Das neue Album – eine Bilanz 31

4. **Die Sex Pistols**
oder Die Wurzeln des Punk 41

5. **Punk 'n' Altbier**
Die Erfolgsstory von 1982 bis 1989 53

6. **Der wahre Heino**
oder Der Beginn einer wunderbaren Freundschaft 67

7. **Kreuzzug ins Glück**
Die Wende – Vom Bürgerschreck zum Topverdiener 73

8. Hommage an alte Helden
Von Posträubern und anderen Idolen 85

9. Punk ist tot, es lebe der Punk
Revival eines schrillen Rituals 95

10. Opel, Altbier und Fortuna
Zwischen Punk und Bürgertum 109

11. Knastkonzert
Die Toten Hosen spielen überall: in Klosterschulen, Knästen, in Wohnzimmern und auf der Alm 119

12. Eine Band gegen rechts
Politik & Image 129

13. Anhang
Geschichte auf einen Blick......................... 137

Discographie.. 142

Quellen 144

Bildnachweis (s/w Abbildungen................. 144

1

PUNK DEN JECKEN

ROSENMONTAG MIT DEN TOTEN HOSEN

In einer Sache sind Punks Profis. Auch wenn Professionalität mit jedweder Form von Punk etwa soviel zu tun hat wie Campino mit gestreiften Krawatten – nichts. Punks sind Profis im Stören. Campino ist ein großer Meister darin, Etabliertes, Gewöhnliches und jede Art von Organisation möglichst schnell in Chaos zu verwandeln. Darin besteht die Revolution des Punk. Zwischen all den Jecken, die am Rosenmontag wenigstens einmal im Jahr die gewohnte Ordnung außer Kraft setzen dürfen, um zu feiern, als wär's der Jüngste Tag, stört Campino nicht. Heute ist er wie alle anderen. Ein ganz normaler Narr.

Im farbenfrohen Menschengewusel muß man sich fragen, wo fängt die Fastnacht an, und wo hört Punk auf, wer ist was, und wo, überhaupt, ist die Revolution? Alle sind bunt, alle wollen Spaß haben, und alle haben Narrenkappen oder Perücken auf ihren Köpfen. Die einen brüllen Helau, die anderen Bommerlunder, alle trinken Altbier, und alle wollen feiern – exzessiv und ohne Grenzen.

Am Rosenmontag können sie sich ohne weiteres unters traditionelle Narrenvolk mischen. An diesem Tag sind sie alle Punks.

800.000 Menschen sind gekommen, um am Düsseldorfer Karnevalsspektakel teilzuhaben. Unter dem Motto »Wir beerdigen den guten Geschmack« nehmen die Toten Hosen auf ihrer zwölf Meter langen rollenden Bühne mit der lautesten Verstärkeranlage, die jemals auf Deutschlands Straßen gesichtet wurde, am Umzug teil. Mit an der Spitze des Zuges ziehen die Düsseldorfer auf ihrem Bandwagen durch die Stadt. 8.000 Teilnehmer, 2.000 Musiker in 111 Kapellen haben sich nach dem etwas braveren Motto »Der Globus eiert, Düsseldorf feiert« auf den Weg gemacht. Sieben Kilometer windet sich die Narrenschlange vom Bilker Bahnhof über die Kö durch die Altstadt und wieder zurück.

Kurz vor dem Startschuß um 12.40 Uhr besteigen die Stars ihr neonfarbenes Faschingsgefährt. Es ist mit Totenköpfen, bizarren Mustern und allen möglichen Phantasiegeschöpfen geschmückt. Es fällt ein wenig aus dem Rahmen ... Die Hosen selbst als Transvestiten. Andi ist kunstvoll blauschwarz gelockt und trägt ein hellgemustertes Kostümchen. Breiti hat sich in einen hellen Ledermantel mit dicker Fellschärpe gewickelt. Eine knallrote Nelke leuchtet in seinem Haar. Kuddel hat es farblich besonders geschmackvoll mit einer rosafarbenen Federboa über dem rot karierten Jackett getroffen. Die perfekte Ergänzung: eine wasserstoffblonde Perücke. Wöllis dunkler Wuschelkopf wird durch einen knallengen, grellgrünen Body betont. Campino turnt torkelnd mit einer Dose Altbier auf dem Wagen herum. Er trägt blaue Schleifchen im Blondhaar und türkisblauen Lidschatten, passend zu den rosafarbenen Ohrclips. Ab und zu lüftet er seinen Nerzmantel. Darunter kommen ein rosarotes Strickjäckchen und ein perlenbestickter Minirock zum Vorschein. Der rot-weiße Fortuna-Schal ist die Krönung des eleganten Outfits. Alle fünf sind so grell geschminkt, daß sie ohne weiteres im Moulin Rouge auftreten könnten.

20 bandeigene, in braune Mönchskutten gehüllte Bodyguards umzingeln den Wagen und passen auf, daß niemand

unter die Räder kommt. Ein dichtes Knäuel von bestimmt 2.000 Fans tanzt um den Wagen herum, grölt, trinkt und pogt. Alle haben gute Laune, obwohl ständig jemand stolpert oder den Anschluß an den flotten Wagen verliert. Unter die vielen Fans haben sich traditionsgemäß zahlreiche Polizisten gemischt, die alle Hände voll zu tun haben. Polizeichef Manni sitzt auf dem Wagen und wirft, unpassend zu den anderen Karnevalsutensilien der Hosen, stinknormale Süßigkeiten in die Menge.

Die Hosen singen ein Trinklied nach dem anderen, »Bommerlunder« und »Bis zum bitteren Ende« in voller Lautstärke. Beim »Altbierlied« wird es so laut, daß die Straße und mit ihr die ganze Menge vibriert, und »Männer« klingt etwas schräger als bei Grönemeyer.

»Wir haben es den Zugorganisatoren gleich gesagt«, so Campino, »daß sie mindestens 200 Meter vor und hinter unserem Wagen keine andere Kapelle laufen lassen. Das wäre pure Geldverschwendung« (SZ, 17.1.96).

Und schade um die schöne Blasmusik, fügt Andi hinzu. Bei »Hier kommt Alex« und »Zehn kleine Jägermeister« von der neuen Opium-CD rasten die Fans vollends aus. Zu Marius Müller-Westernhagens Hit »Ich bin so froh, daß ich kein Dicker bin« singt Campino lautstark »Ich bin so froh, daß ich kein Kölner bin ...« in alter nachbarschaftlicher Haßtradition.

Viele Fans sind von weit her angereist, Zürich, Bodensee, München – kein Weg war ihnen zu weit. Nick und Marion sind nicht verkleidet. Sie sind extra aus Stuttgart gekommen, um die Hosen hier live zu erleben. Nick trägt zerfetzte Jeans und reicht eine Flasche Rotwein herum. Marions feuerrotes Haar sieht zu ihrer schwarzen Kleidung noch roter aus. Aus Zürich kommen zwei Teenies im Girlielook. Sie finden »Campino völlig süß« und würden am liebsten auf

dem Wagen mitfahren. Sie kennen die Hosen aber noch nicht lange. »Die Platte mit ›Hier kommt Alex‹ habe ich bei meinem großen Bruder gefunden«, sagt Christie, eine der beiden Schweizerinnen. Seitdem ist sie begeisterter Hosen-Fan. Ihre Freundin steht mehr auf Wölli, der seit einem einschlägigen Exzeß auf den Beinamen »Kirschwasserkönig« hört. »Der kommt mir etwas gemütlicher vor«, sagt sie. Ob die Hosen nun Punks sind oder nicht, wollen die beiden aus Zürich noch nicht einmal wissen.

Bea, eine blond bezopfte Hanseatin in blau-weißer Uniform, kommt jedes Jahr hierher. Doch dieses Jahr ist es etwas anderes. Sie ist seit Jahren treuer Fan der Hosen und springt blitzschnell mit ihrem Fotoapparat auf den Anhänger mit der Aufschrift »ersatzlos gestrichen«, um ein paar Bilder von ihren Stars zu ergattern. Nur zwei Jungs könnte man zur Not noch in der Punkerecke vermuten. Ein paar Symbole, wie ein aufgemaltes, umkreistes großes A auf der Jacke und ein wahrscheinlich mit Wella fixierter Kamm auf dem

Kopf, lassen darauf schließen, daß es sich bei den Jungs um Punks oder wenigstens um neo-punkige Freaks handeln muß. Sie haben keinen Bock, viel zu sagen, sie finden diese »Animation auch irgendwie Scheiße«.

Kathrin vom Bodensee nimmt das alles gelassen: »Da können so viele Teenies rumhängen, wie wollen. Mir ist das ziemlich schnuppe. Ich bin Hosen-Fan und ich bleibe es. Ich habe alle Platten von denen.«

Über seine Fans sagt Campino: »Wir bedienen kein Hip-Publikum. Es hat schon immer Bands gegeben, die mit ihrer Haltung ein bestimmtes Lebensgefühl verkaufen. Ich sehe die Toten Hosen eher in einer Tradition von AC/DC oder Status Quo, die auf härtere Art immer denselben Sound gemacht haben. Trotzdem stand ihr Publikum hinter ihnen. Abgesehen davon wird auch belohnt, daß wir eine der am härtesten arbeitenden Live-Bands sind. Wir stehen nicht wie irgendwelche Schlaffis auf der Bühne 'rum« (Playboy, 3/96).

Kiki, seit Jahren treuer Hosen-Roadie aus Berlin, erklärt: »Wir wollten hier einmal mitmischen. Natürlich auf unsere eigene Art. Hauptsache laut!« Bereits Campino hatte vor einigen Tagen verlauten lassen, daß man mitmachen, aber nicht stören wolle (SZ, 17.1.96). Schade ... viele Hosen-Fans werden gerade darüber ein bißchen enttäuscht sein.

Der Hosen-Wagen fährt in flottem Gehtempo. Weil alle versuchen, immer möglichst nahe dran zu sein, wird die Traube immer chaotischer und unruhiger. Man tritt sich auf die Füße, rempelt sich an, hat kaum noch Zeit, die Altbierdosen herumzureichen. Manche werden ganz einfach abgedrängt und suchen sich einen Schleichweg durch die Stadt, um den Wagen an einer anderen Ecke wieder einzuholen. Die Masse wird ständig von Polizisten nach vorne gedrängt. Viele johlende Fans sind eingehend damit beschäftigt, eines der Hosen-T-Shirts zu ergattern, die ständig vom Wagen herabflattern. Einige Fans haben das legendäre »Ficken, bumsen, blasen – alles auf dem Rasen«-T-Shirt über die Pullis und Jacken gezogen, um noch einmal an vergangene Zeiten zu erinnern. Musiker und Helfer auf dem Wagen verteilen in großen Mengen Müsliriegel (statt Zuckerbonbons) und 10.000 Dollar-Noten der Hells Bank oder ab und zu Schlagzeugsticks.

Die Nebelschwaden, die vom Wagen gesprüht werden, die Absperrungen, das Polizeiaufgebot, das hektische bunte Völkchen und die Karnevalsballerei – es hat den Anschein, als liege ein Hauch von Revolution in der Luft. Nirgendwo sonst drängen sich so viele Menschen so eng um einen Wagen, um ihn »bis zum bitteren Ende« des Zuges zu begleiten. Die Toten Hosen wirken zwischen »Gerresheimer Bürgerwehr«, Pappmachéclowns, Funkenmariechen und echt rheinischen Jecken wie ein Tiger im Löwenkäfig. Unruhig und belebend – nur ein bißchen gefährlicher. Ihre begeisternde Power springt auf die Menschentraube über, die sie umgibt, und schafft eine Atmosphäre allgemeiner Verbundenheit.

Manch älterer Karnevalist blickt zwar skeptisch drein, aber viele Menschen am Straßenrand freuen sich über die grell-bunte Travestieshow, die auf Anhieb an einen der Kultfilme des letzten Jahres, »Priscilla, Königin der Wüste«, erinnert. Selbst die Polizisten finden es gut, »daß hier endlich mal was los ist«. Eigentlich müßte es die Toten Hosen in Panik versetzen, daß sich sogar die Gesetzeshüter über sie freuen. Bereits in Wackersdorf hatte es blitzschnell die Runde gemacht, daß die »Bürgerschrecks« sich plötzlich mit den Sicherheitsbeamten duzten.

Am »Uerige«, einem Brauereiausschank in der Altstadt, singt Chef Joseph Schnitzler lauthals den »Bommerlunder-Hit« mit, worauf Campino ihm ein Kußhändchen zuwirft und kokett sein Miniröckchen lupft. Auch aus den Fenstern jubeln die Leute den Musikern zu, manche fangen mit ihren umgedrehten Regenschirmen sogar ein T-Shirt auf. Eine Würstchenbude wird von der Hosen-Traube fast plattgewalzt, viele am Straßenrand beschweren sich über die aggressive Stimmung, weil sie sich von der unbeirrt nach vorne strebenden Horde bedrängt fühlen.

Wieder am Ausgangspunkt des Zuges angelangt, hält der Wagen der Hosen an, Campino sagt hastig »Tschüs«, und die Toten Hosen verabschieden sich mit Volldampf. Sie fliehen, von der Menge gefolgt, hinter die großen Eisentore eines Straßenbahndepots. Die nächste Karnevalsgruppe, die »Ammerländer Radfahrer«, muß warten, ehe auch sie in die Zuflucht hinter die Tore flüchten darf. Zu lange debattieren Fans und Ordnungshüter über das plötzliche Verschwinden der Stars. Die Fans erwarten eine Fete hinter den Straßenbahnhallen, gemeinsam mit der Band. Einige von ihnen sind sich ganz sicher, davon gehört zu haben: »Ohne Hosen geh'n wir nicht nach Haus«, grölen sie immer wieder, während ein Polizist durch seinen Lautsprecher mehrmals verkündet, daß die Musiker durch den Hintereingang das Gebäude verlassen haben und schon längst zu Hause sind. Ein Pärchen aus Wesel läßt sich nicht abwimmeln. Schließlich werden die beiden hineingelassen, um sich selbst zu überzeugen. Sie suchen in jeder Ecke, sogar in abgesperrten Räumen, nach den Toten Hosen. Erfolglos. Die einzige Beute des Jungen ist ein Plakat mit einem Aufdruck der neuen Platte, »Opium fürs Volk.« Das Mädchen zertritt es wütend. Die Band ist für sie gestorben. Zumindest in diesem Augenblick.

Wie manch anderer Fan ziehen die beiden traurig und wütend ab. Sie hatten sich mehr erhofft von der Rebellentruppe, die im Zweifel nie das tut, was man von ihr erwartet. Man hätte es sich denken können, daß dieser Auftritt im Rahmen bleibt. Ganz anders als in alten Zeiten. Dabei hatten die Toten Hosen noch angekündigt, man werde sich Mühe geben, daß der Rosenmontagszug 1996 nicht so schnell in Vergessenheit geraten wird (SZ, 17.1.96).

2

GELIEBTER BÜRGER-SCHRECK

DIE TOTEN HOSEN – HASSLIEBE DES DEUTSCHEN FEUILLETONS

Punk ist längst passé. Das wußten die Toten Hosen auch schon, als sie 1982 Deutschlands spätere Punk-Band Nummer eins gründeten. Die hält sich dann, länger als irgendeine Jugendbewegung es erlaubt, jahrelang auf dem Rebellen-Thron der Republik, der längst nicht mehr auf der Punk-Idee von damals fußt, denn Punk war laut Trend schon seinerzeit so out wie schmale Lederschlipse und weiße Socken. Heute ist der Punk international wieder da – Green day, Offspring –, und in manchen Teilen Deutschlands sieht man auch die hellen Socken wieder leuchten.

Dennoch – die Toten Hosen waren von Anfang an die mehr oder minder musikalischen Vorzeige-Chaoten der Nation. Und sie werden es bleiben, bis sich etwas Besseres findet. Daß es in nunmehr 14 Jahren noch keine andere Band geschafft hat, den Hosen ihren Ruf als Anarchorocker streitig zu machen, ist vielleicht schlimm für Deutschland. Aber gut für die Toten Hosen.

Landauf, landab füllen sie die größten Hallen und ziehen immer wieder neue, junge Fans an, die ihre Songs mit den im Grunde immer gleichen, wenn auch auf die Zeit abgestimmten, Inhalten auswendig mitgrölen. Das Erfolgsrezept der Band ist einfach und ehrlich. Zu einfach, so scheint es, für viele tiefsinnige Feuilletonschreiber großer Zeitungen, die sich doch regelmäßig dazu bemüßigt fühlen, dem kommerziellen Erfolg der Toten Hosen auf den Zahn zu fühlen.

Das vermeintliche Rätsel des jahrelangen Erfolges hat bis jetzt kaum ein Rezensent gelöst, ohne die Hosen des kommerziellen Ausverkaufes, des Verrates am Punk oder gar an einer ganzen Generation zu bezichtigen. Vielleicht, weil die vielen, in die Jahre gekommenen Schreiber es selbst nicht verwinden konnten, daß ihre rebellischen Helden von einst bis heute den Ernst des Lebens partout nicht akzeptiert haben und sie mit dem Erwachsenwerden allein gelassen haben. Längst haben die berufsjugendlichen Feuilletonisten ökologisch korrekt erzogene Kinder, ist die rebellische Jugend früherer Tage den Inhalten der Hosen-Texte entwachsen und sonst auch sehr erwachsen. Vor allem sind sie aber deutsch. So deutsch, daß ihnen das anarchistische Element in der seit Jahren anhaltenden Massenwirkung der Toten Hosen schwer zu schaffen macht. Die Ursachen solcher Massenhysterien sind, so die Meinungsmacher, letzten Endes doch immer wieder auf das gleiche Dilemma zurückzuführen: die vermeintliche Dummheit der Deutschen. Dabei leiden sie selbst an einem noch viel deutscheren Problem: der hyperkritischen Hinterfragungspsychose: Alles Gute wird solange analysiert, interpretiert und decodiert, bis nichts Gutes mehr übrigbleibt.

Also sucht man nunmehr seit Jahren nach einer Erklärung für dieses, laut Frankfurter Allgemeine Zeitung (FAZ), »typisch deutsche« Erfolgsphänomen »Die Toten Hosen«, das eigentlich gar keines ist. Ob es die fehlende Authentizität des wahren Punks ist, die angeprangert wird, oder die gespielten »Provokations-Strategien« der Hosen, die man längst glasklar durchschaut hat. Auf dem Papier wird man gnadenlos deutlich: der deutsche Konsument sei eben zu naiv, um diese von den Hosen betriebene Scharlatanerie zu begreifen. Außerdem passe der große finanzielle Erfolg nicht so recht ins wahre Punker-Image. Daher seien die Hosen, urteilt die Kritik streng, allenfalls als Kommerzpunks einzustufen.

Sie können ihre Instrumente tief halten, weil das lässig wirkt, verfügen über ein instrumentalisch und vokales Unvermögen, sie können, so heißt es weiter in der FAZ, provokative Sprüche aufsagen und medienwirksame Skandale inszenieren, wobei Blasphemie und Sex die wichtigste Rolle spielen. Somit wird das Hosen-Publikum kurzerhand in Nostalgiker, nicht trendbewußte Zeitgenossen, in Doofe, die Modeströmungen erst bemerken, wenn sie schon versickert sind, und in solche, die es nicht einsehen wollen, daß diese »Welle« längst vorbei ist, eingeteilt. Die größte Angst der sogenannten Retorten-Rebellen sei es, so die FAZ weiter, als kommerziell entlarvt zu werden. Das ist denn wohl auch, meinen die Kritiker, der eigentliche Grund für die vielen Bürgerschreck-Aktionen, zu denen sich die Hosen hinreißen lassen. Etwa dann, wenn sie die Volkssänger-Ikone Heino (den echten) erst imitieren, dann karikieren und später demontieren.

Auch das erst »mühsam« erworbene sozialkritische Engagement der Hosen, »die in ihren Texten kein Modethema auslassen«, ist in den Augen der Zeit-Rezensenten im Grunde nur Marketing. Ein deutsches Phänomen seien sie, dessen Erfolg doch nur mit deutschem Hang zur Treue erklärt werden könne. Und dann die krönende FAZ-Erkenntnis: »Die eigenen Verklemmungen und die Anzeichen verpönter Verbürgerlichung der deutschen Fans werden durch den Konsum der Profi-Provokateure kompensiert ...« Endlich eine einfache, psychologisch-fachkundige Einschätzung des »Hosen«-Publikums. Immer nach dem Motto: Eigentlich sind

Menschen, insbesondere die deutschen Spießbürger, immer genau das Gegenteil von dem, was sie vorgeben zu sein. Demnach schreiben die wahren Punks also für das FAZ-Feuilleton.

Nur ein paar Wochen später widmet das Frankfurter Blatt ihren heimlichen Helden, der »als Punk-Band getarnten Altbiertrinksportgruppe«, allerdings schon wieder einen langen Artikel. Die Worte »verräterisch« und »Verrat« finden sich so häufig im Text, daß sich der Autor als typisch deutscher »Entlarver« entlarvt. Ihrem immer jünger werdenden Publikum, schreibt er, müssen die Hosen mit einer kraftmeiernden Fäkal- und Dummkopf-Wortwahl ihre Zugehörigkeit zu einer Welt beweisen, die sich um einen Kasten Bier, unter einem alten Opel und im sozialen Wohnungsbau abspiele – und die doch längst nicht mehr ihre eigene sei.

Wie hätten sie's denn gern: Sollen Campino und seine Band nach dem, wenn man so sagen darf, Konzert im Zelt übernachten und sich nachts, wie's sich für einen ordentlichen Punk gehört, von den Skins abfackeln lassen? Der platinblonde Frontmann fährt nach zuverlässiger Information immer noch Opel und spielt, wenn gewünscht, immer noch in besetzten Häusern. Dabei gibt er in seinen Texten nicht einmal vor, sich mit den Bewohnern identifizieren zu wollen. Die Zeit der Revolte muß nicht deshalb vorbei sein, weil Campino heute 33 und nicht mehr 20 ist. Heute erst, nach so vielen Jahren, hat er gerade mit finanziellen Mitteln die Möglichkeit, seine Ideen und Ideale umzusetzen. Heute können Campino und Co. die permanente Revolte feiern – für den kritischen Deutschen bleibt es Hochverrat. Denn eine Revolution muß hart und blutig sein ... Aber die der Hosen ist lustig. Und konsequent. Ihren Fans von einst können sie nichts mehr geben – dafür den neuen, die Jahr für Jahr nachrücken.

Das Fazit des FAZ-Schreibers: Der Aufstieg in die Rock-Bundesliga spricht gegen die Hosen. Aber Verrat hin oder her – sie machen ja sowieso Lieder zum Marschieren, heißt es weiter, die in jeder Ostkurve eines Fußballplatzes entstanden sein könnten, Mitgröl-Hymnen von der typisch teutonischen Gemütlichkeit, welche ein bestimmtes Niveau nicht überschreiten. Damit wäre also nicht nur das Bild vom dummen Deutschen, sondern auch das einer für ihn völlig indiskutablen Zielgruppe, nämlich den neuen, jungen Hosen-Fans, gezeichnet. Endlich ist also durchschaut, daß der niemals erhobene Anspruch gar nicht existiert.

»Sie tragen die zerschlissene Fahne der Revolte«, schreibt die Süddeutsche Zeitung (SZ), ungeachtet dessen, daß die Hosen es auch nie von sich behauptet haben, konsequente Punks zu sein. Campino und Co. wollen sich nicht hinter dem Punk als Modeerscheinung verstecken, haben sie immer wieder beteuert. Keiner könnte sie mit der Behauptung noch aufregen, sie seien ja gar keine Punks – sie schmunzeln höchstens, wenn einer schreibt, sie seien es doch.

Der allgemein vertretene Standpunkt, daß Kommerzielles nicht edel sein kann und dort, wo Geld verdient wird, jegliches Ideal zunichte gemacht wird, das ist den Hosen egal. Die großen Vorbilder Sex Pistols haben es übrigens, wenn auch in korrekt kurzer Zeit, nicht anders gemacht.

Bei aller Kritik steckt in den Rezensionen eine gewisse Verehrung für die Band. Und vielleicht ein bißchen Neid. Neid auf die, die es geschafft haben, den ursprünglich mal verhaßten bürgerlichen Konventionen dauerhaft zu widerstehen. Halt so zu sein, wie auch die Kritiker damals selbst sein wollten – und bei dem Versuch kläglich scheiterten.

Manche kokettieren sogar mit dem Neid. »Wir sind gereift, vernünftig und erwachsen ... allein die Toten Hosen haben sich nicht verändert. Sie haben Erfolg wie nie. Sogar manche Eltern mögen sie und junge Akademiker«, wundert sich die Süddeutsche Zeitung, nachdem die Hosen ihre dritte goldene Schallplatte eingespielt haben. Da schmeckt dem armen Schreiber das Bier nicht mehr auf dem Hosen-Konzert, und vor den Fans braucht er sich nicht einmal mehr zu fürchten, sie sind wie er – eher langweilig!

Die Toten Hosen hätten sich, seit ihr Stern hoch am Hit-Himmel steht, auf wundersame Weise verjüngt. Allein dadurch, daß es hauptsächlich Teenager sind, die brav ihre Hosen-T-Shirts kaufen, mit aufgedruckten Sprüchen, die ihre Eltern erröten ließen. Ja und? Da haben die Hosen doch den Sinn ihrer Musik und ihres Daseins voll verwirklicht.

Mit Anarcho-Charme und Blödelei treffen die Hosen den Nerv der Nation, schreibt die »Zeit«, »denn man benähme sich auch im wahren Leben wie fleischgewordene Comic-Strip-Charaktere.«

Ein gut plazierter Rülpser am rechten Ort würde die Dinge schon immer wieder richten, meint die »Zeit« über die »sympathisch bescheuerten« Hosen und gibt wenigstens zu, daß »der nette Sauhaufen von nebenan« zwar immer die Hosen spiele, aber nicht nur für die Fans, sondern für sich selbst!

Motive und Benehmen der Fun-Punk-Band werden, wenigstens augenzwinkernd und mit vielen Sympathiebekundungen, betrachtet. Hier wird Campino und seinen Jungs vorgeworfen, daß sie längst ihre Unschuld verloren haben, ohne es so recht wahrhaben zu wollen. Zudem sei der »mühsam erworbene« politische Horizont des Campino doch leider immer noch etwas notdürftig.

Auch »Die Zeit« jammert nostalgisch hinter den gefallenen Helden her, als seien sie tot, nur weil alles sich ändert und die Hosen mit ihren Themen manchmal am Puls der Zeit liegen? »Wie schön war die Zeit«, lamentiert einer, »als noch nicht 16.000 in Europas Renommier-Arena, der Westfalenhalle, zum Hosen-Happening erschienen (»Sozialpreis« 18 Mark), sondern nur der eingeschworene Kern, der zu Bierfontänen und Pogo ewige Punk-Nostalgie abfeierte.« Schon damals also Nostalgie.

Welche Band bringt diese Leute denn heute noch eine Nacht lang zum Pogen, Kiffen und Biersaufen, wer schafft es, sie so zu begeistern, wie einst die Hosen es taten. Wer bringt sie dazu, am nächsten Morgen verklärt alkoholisiert und mit Irokesenschnitt bei der Arbeit zu erscheinen? Wer spielt die Zeitmaschine, um die Schreiber in die verlorene Jugend zurückzuversetzen?

Dennoch werden unablässig Legenden aneinandergereiht. Und gerade damit machen die Rezensenten die Düsseldorfer Punks zum Mythos. Daß die Hosen heute nicht mehr stockbesoffen zum Auftritt erscheinen, in der Hoffnung, alle anderen seien auch besoffen, diese Verantwortung, behauptet die »Zeit«, sei ihnen wohl peinlich. Sie wollen auch nicht dabei ertappt werden, wenn sie ausnahmsweise mal in einem besseren Hotel absteigen, sie genieren sich für feste Freundinnen, dafür, daß sie alle das Gymnasium besucht haben und für den Zivildienst, den Campino und Breiti in einer Düsseldorfer psychiatrischen Klinik absolviert haben.

Man will es eben genau wissen, warum Campino & Co., trotz oder gerade wegen ihrer Rebellion, Geld verdienen. Das, was jeder will und kaum einer schafft.

Die Toten Hosen haben eben nicht nur die Schlachtenlieder von damals geschrieben. Sie schreiben auch die der heutigen Jugend und aller, die nicht erwachsen werden wollen oder es einfach nicht geworden sind. Und sie schreiben die Bierlieder derer, die sie nicht so bierernst nehmen, sondern einfach mal so richtig lachen wollen. Denn darin, andere zum Lachen zu bringen und auch über sich selbst zu lachen, waren die Toten Hosen schon immer ganz groß.

Warum ist es denn so verdammt armselig, wenn die Kinder von heute dieselben blöden Sprüche grölen und die gleichen Parolen schwingen, wie die Kritiker von heute damals selbst. Revolution und Jugend gehören zwangsläufig zusammen. Ob heute Campino als Punk akzeptiert wird oder ob sie ihn einfach als komischen Rebellen betrachten ist nebensächlich. Seine Ideale haben sich nicht verändert. Nur die Texte entsprechen im gleichen Sinne, mit derselben Heißblütigkeit wie damals, der Zeit. Schön für die Toten Hosen, daß sie von ihren jugendlichen Fans für voll genommen werden. Sie wirken noch lange nicht wie verlachte Reliquien vergangener Tage, wie das bei vielen Alt-68ern der Fall ist, die heute Familie, Bausparvertrag und ein Häuschen im Grünen besitzen und immer noch dieselbe Kleidung tragen wie früher.

Die Toten Hosen haben das Zeug zu Vorzeigepunks, sie machen, was sie wollen, ob verwerflich oder nicht, ob bürgerlich, spießig oder völlig geschmacklos. Genau darin besteht doch der Anarchismus der Hosen und einer der ursprünglichen Hauptgedanken der Punkbewegung: Tu es!

Nach wie vor dürfen sie sich als Bürgerschreck fühlen, ohne sich des Verrats am Punk bezichtigen lassen zu müssen. So hat Campino unlängst in guter alter Punkertradition vor laufenden Kameras einen Talkmaster plattgepöbelt, was heutzutage zwar weniger spektakulär und weniger provokativ ist als einst die Aktion der Sex Pistols in den 70ern. Die hatten während eines Live-Interviews einen BBC-Moderator so wüst beschimpft, daß sich ganz England geohrfeigt fühlte und ein Zuschauer aus Wut sogar seinen Fernseher zertrümmerte. Campinos Auftritt in der Harald-Schmidt-Show war dagegen eher ein konstruktiver Beitrag zur allgemeinen Volksbelustigung und hat so manchen, längst eingedösten Fernsehzuschauer wieder aufgeweckt. Schmidt, der zum ach so witzigen Late-night-Talker hochgejazzte SAT-1-Langweiler, ist bereits nach wenigen Minuten sprachlos. Campino sagt, die ganze Show sei einfach Scheiße, jeder Furz dürfe hier sein Buch vorstellen und der Gästesessel sei ihm zu »vollgepupst von den ganzen Promis. Er stinkt« (Playboy 3/96).

Schmidt grinst dümmlich, macht gute Miene zum bösen Spiel, und Campino fährt unbeirrt fort. Als schließlich das neue Schlammvideo »Nichts bleibt für die Ewigkeit« kürzer als besprochen abgespielt wird, wird es Campino zu bunt. Das sei gegen die Absprache, nur »den Pillemann-Refrain« zu zeigen. Dann zieht der Punk den still gewordenen Talker an der Krawatte und macht sich über sein konservatives Outfit lustig. Harald Schmidt kapituliert: »Meine Damen und Herren, jetzt weiß ich auch nicht mehr, was ich sagen soll.« Und wenn Campino nicht gerade einen Sylvester-Kater gehabt hätte, hätte er noch mehr Gas gegeben. »Ich wollte mich nicht als Kasper verheizen lassen. Nachdem unser neues Video entgegen der Absprache nur ein paar Sekunden gezeigt wurde, habe ich keine Veranlassung gesehen, weiterhin den netten Mann zu spielen« (Playboy 3/96).

Abgesprochen war die Randale übrigens nicht, obwohl die SAT-1-Pressestelle der Harald-Schmidt-Show das behauptet. Campino sagt ein paar Tage später: »Ich glaube, er hatte ein Problem, mit mir zu reden. Ich dachte eigentlich, daß man auf so einen scharfzüngigen Mann mit entsprechender Munition feuern könnte. Aber er war überraschend schlecht drauf« (Playboy 3/96).

Die Toten Hosen brechen übrigens nicht nur in die Spie-

ßeridyllen deutscher Late-Night-Talker ein. Manchmal, wenn sie sich nach einem Auftritt in einer fremden Stadt langweilen, knacken sie nach Mitternacht das Tor eines Freibades. Das nächtliche Schwimmen, mit bunten Haaren und natürlich splitternackt, endete einmal mit einer Festnahme und einer Strafe wegen Hausfriedensbruchs.

Es gibt Zeitpunkte, da ist es den Hosen egal, ob sie nur 20 Fans oder 10.000 nach dem Konzert verabschiedet haben. Sie gehen auf ein paar Biere um die Häuser, pöbeln rum, essen Pommes rot-weiß an irgendeiner Bude und hängen bis zum Morgengrauen zwischen Fans und Punks und anderen Verrückten in der nächsten Kneipe ab. Es kann aber auch passieren, daß sie sich eine wohlverdiente Badewanne im wohlverdient-teuren Hotelzimmer gönnen und anschließend mit Bierflasche ins Bett verschwinden. Nur Bier. Groupies, versichert Campino, kommen ihm nicht mehr auf die Matratze. »Sex, Drugs, Rock 'n' Roll. So hat man mich in die Band gelockt. Drugs und Rock 'n' Roll habe ich ausgekostet. In Sachen Sex war es ein bißchen mau« (Playboy 3/96).

Mehr als einmal kam es vor, daß die Toten Hosen eines der Hotelzimmer verwüstet haben. Nicht ohne vorher darauf zu wetten, ob die Einrichtung des Raumes, kleingehackt, in den Etagenaufzug paßt. Beim Begleichen der Wettschulden ist die schlechte Laune schnell verflogen.

Ob solche Aktionen nun allein der Imagepflege in puncto »spätpubertäre Bürgerschreckstreiche« dienen? Leider wird es jeder zerstörungswütige Punk längst erkannt haben: Solche Scherze zahlen die Hosen längst aus der Portokasse.

Campino und seine Hosen sehen es als persönliche Freiheit an, Spießer zu beschimpfen, bis sie schwarz werden, zu saufen bis zum Umfallen und danach noch nicht mal komisch angeredet zu werden. Das gehört eben einfach zum

Image der Düsseldorfer Punks. Andererseits dürfte es schwierig sein, in der Öffentlichkeit verständnislosen Blikken zu begegnen, eben WEIL man NUR ein Glas Wasser trinkt. Beim Fußballspielen im Düsseldorfer Hofgarten ist den Toten Hosen das schon häufiger passiert.

Und wenn's doch irgendwann unerträglich werden sollte mit dem Punk- und Säuferimage, können sie sich ja immer noch einen properen Popperschnitt verpassen lassen und die wilden Haarprachten für immer vergessen. Überhaupt wäre es normal, auch mal Kamillentee statt Wodka zu trinken. Spätestens, wenn in der Zeitung steht, daß die Toten Hosen jetzt »Mona Lisa« statt »ran« in der Glotze gucken, dann sind sie wirklich tot. Dann hätten sie ihr mit Freuden erarbeitetes Chaotenimage mit einem Mal zerstört.

Image hin oder her – es ist so oder so nicht leicht, ein Star zu sein. Auch Stars wollen manchmal ihr Geld und den ganzen (widerlichen!) Luxus einfach vergessen. Dazu gehören für die Toten Hosen Dinge wie prall gefüllte Kühlschränke, Fußballfreikarten oder eine Currywurst vom Jet-Grill. Ein echter Punk genießt jedes Freibier, das er irgendwo geschenkt bekommt. Ein echter Star genießt jede einzelne Minute, die er ohne Freibier in den eigenen vier Wänden verbringen kann. »Früher bedeutete die Band noch Ausreißen aus dem Alltag. Party machen. Heute ist es ganz genau umgekehrt. Zu Hause ist Party...« (Zeit 14.12.90).

Campinos Leben scheint der Erfolg also nicht lustiger gemacht zu haben. Aber eben auch nicht trauriger.

Er ist in der unglücklichen Lage, gleichzeitig gewinnen und verlieren zu müssen. Denn ein Popstar, der einst »Born to loose« auf seine Fahnen geschrieben hatte, ist wohl der Widerspruch in sich selbst.

Weil Widersprüche zeitgemäß sind, waren also auch die Hosen zu jeder Zeit modern. Die Nieten- und Leder-Arie des Punks der ersten Stunde haben die Düsseldorfer von Anfang an ausgeklammert. Immer schon setzten die Hosen auf grobes Karo, Blumenmuster, breite Hemdkragen, gestreifte Schlaghosen, Rüschenhemden, knallige Farben, zerschlissene Jeans, bonbonfarbene Schuhe und exzentrische Hüte – als wahre Väter Wigald Bonings. Zielsicher treffen sie auch mit ihren politischen, bisweilen widersprüchlichen Aussagen den jeweiligen Zeitgeist. Nie haben die Hosen Parolen wie: »Haut die Bullen platt wie Stullen« geschrien. Gewaltaufforderungen gegen die Polizei, brüsten sich die »Hosen«, könne man schließlich auch witziger verpacken und sinngemäß trotzdem das gleiche sagen.

Als Fazit langer Reden über das Thema, über Punk oder Nicht-Punk, ehrlich oder strategisch, kann man sagen: Die Toten Hosen haben sich verändert. Aber keineswegs so, daß man nicht mehr erkennen könnte, daß es sich immer noch um niemand geringeres als die beste Punk-Band Deutschlands handelt.

»Wer von den Punks der ersten Stunde konnte sich denn einkonservieren lassen? Wenn ich mich in den letzten 20 Jahren nicht verändert hätte, würde ich mir gleich die Kugel geben. Die Zeiten haben sich geändert und ich mich mit ihnen. Ich kann nicht mehr so tun, als müßte ich in einem alten Opel Kadett sitzen, mir einen Verstärker aufs Dach schrauben und in irgendeiner Kleinstadt ein wüstes Hinterzimmer-Konzert geben. Ich habe heute das Geld für ein Hotel. Und nach dem Auftritt steige ich gern in die Badewanne«, schließt Campino dieses Kapitel (Playboy 3/96).

Seine Lieblingsdevise war immer: Tu etwas, du kannst es, auch wenn du's nicht kannst. Und tu es so, wie du willst. Das kann man schließlich bei den Sex Pistols nachlesen.

3

»OPIUM FÜRS VOLK«

DAS NEUE ALBUM – EINE BILANZ

Wenn man Campino in den letzten Jahren fragte, was sich an der Musik der Hosen geändert habe, war die Antwort meist: Nichts, wie immer. Und auf die Nachfrage, wie das neue Album denn aussehe, hatten die Hosen ebenfalls die immer wieder korrekte Antwort: In der Mitte ein Loch, rund und von beiden Seiten abspielbar.

Die Beständigkeit, mit der sich also immer wieder nichts verändert, hat sich ausgezahlt. Über vier Millionen Platten haben die Hosen verkauft. Viermal Platin, neunmal Gold, und zweimal sind sie Nummer eins der deutschen LP-Charts geworden. 250.000 Fans strömten während der letzten Tour in die Konzerte der Toten Hosen.

Und obwohl Campino doch weitgehend die Ideale des Punks vorlebt und dabei manchmal in die Rolle des wilden Berufsjugendlichen verfällt, hat sich vieles verändert. Bis die Hosen es gewagt haben, ihr neues Album »Opium fürs Volk« zu nennen. Für die 96er Tournee sind rund 80 Konzerte gebucht.

Campino ist mit 14 in der Punkszene gelandet und deren Grundgedanken treu geblieben. Acht lange Jahre hat er, in der Hausbesetzerszene, und, wenn es sein mußte, im letzten Hinterhof, Musik gemacht, ehe die Toten Hosen in die erste

Liga der deutschen Rockmusik aufgestiegen sind. In einem Resümee über sein Leben würde Campino heute sagen, 90% der schönsten Dinge, die er bis jetzt erlebt hat, hat er mit und durch die Hosen erlebt. Er hat jene Menschen getroffen, die in seiner Jugend seine Religion waren, die alten Helden des Punk, die er als »normaler Bürger« nie getroffen hätte. Allein dafür, meint Campino, habe es sich gelohnt, eine Tote Hose zu sein. Und hätte ihm einer vor 14 Jahren gesagt, daß es die Toten Hosen heute noch geben würde – er hätte es nicht geglaubt. Im Grunde hätte er nicht einmal geglaubt, daß er mit 33 Jahren überhaupt noch leben würde (Musik-Express Sounds, 1.2.96).

1991 hat Campino gesagt: »Wir sind eine kranke Band für ein krankes Volk« (Musik-Express Sounds, 1.2.96). Daran hat sich nur verändert, daß er selbst gesünder geworden ist aufgrund des ehemals unmäßig hohen Drogenkonsums, den die Toten Hosen in der letzten Zeit reduziert haben. Das Volk sei allerdings kränker denn je. »Ich kann nicht sehen, daß die Zeiten sich gebessert haben. Die ganzen Probleme, die die Wiedervereinigung mit sich gebracht hat, sind noch nicht verarbeitet. Es wird auf lange Sicht eine Ost-West-Rivalität geben, das Zusammenwachsen hat nicht geklappt. Krank finde ich auch, daß die Leute armseligerweise am Kanzler festhalten. Nur weil das eine Institution ist, mit der man nicht untergegangen ist, also wird man auch nicht mit ihr untergehen. Der Kerl wird wiedergewählt, egal, wer sich gegen ihn stellt. Deutschland ist irgendwo richtig weinerlich. Alle klagen, aber keiner reißt sich ein Bein aus, um etwas zu verändern. Dieses ewige Jung-Dynamische. Oder das Verhältnis zum Älterwerden in diesem Land. In der Modelszene gibt's nur 14- und 15jährige, die möglichst ausdruckslose Gesichter haben, in die man möglichst viel reinpappen kann. All das ist richtig krank« (Musik-Express Sounds, 1.2.96).

Ein Grund für die Hosen, das neue Album »Opium fürs Volk« zu nennen. Der Titel, wie übrigens die meisten Hosen-Titel, ist natürlich halbwegs ironisch gemeint. Darin sieht die Punk-Truppe all das, was die Leute beruhigt, was sie in ihren Sesseln hält. Nur keine Rebellion, nur nicht wach werden, aufstehen, Terror machen. »Letzten Endes sind wir auch irgendwie Opium fürs Volk«, sagt Campino. Und Andi: »Wir sind in mancher Fernsehsendung aufgetaucht, und wir werden sicher in noch mancher auftreten. Wir sind letzten Endes auch ein Teil davon. Man kann sich dem nicht total verschließen« (Musik-Express Sounds, 1.2.96).

Und sie singen, als wehmütigen, letzten Gruß an den Punk: »Wir wollten die Welt verändern und gingen erst mal zum Friseur, denn irgend jemand hatte gesagt, daß das Aussehn wichtig wär'« im neuen Song »Viva la Revolution«. Man weiß es ja, daß sie ihre Revolution geliebt haben. Aber irgend etwas muß er doch gebracht haben, der große Aufschrei von damals – »jeder glaubte an was anderes, weil keiner was verstand«, singt Campino weiter – und das ganze Punk-Geschrei sei doch nur Opium fürs Volk gewesen.

Opium fürs Volk, ursprünglich eine These Karl Marx', meint bekanntlich eine Religion und nicht die Droge. Ob die Hosen sich und ihre Musik demnach mit Religion gleichsetzen – oder mit einem Betäubungsmittel –, sei dahingestellt.

In jedem Fall muß der Titel so ironisch gemeint sein, daß man entweder darüber lachen soll oder zwangsläufig davon ausgehen muß, daß der Größenwahn die Hosen nun doch erwischt hat.

Das letzte Konzert 1995 geben die Hosen traditionsgemäß in den Weihnachtstagen, genau am 23. Dezember. Es ist ein Heimspiel im Düsseldorfer Knast Ulmer Höhe. Eine würdige Präsentation des neuen Albums »Opium fürs Volk« ist den Hosen damit gelungen. Es beginnt mit dem Vaterunser. Die Hauptthemen sind Glaube und Kirche, mit der kompletten Bandbreite aller möglichen Ersatzreligionen verschonen sie einen auch diesmal nicht: Drogen, Beziehungen und so weiter. Ohne den politisch-moralischen Zeigefinger, der Campino ja in letzter Zeit des öfteren nachgesagt wurde. Obwohl mit Prediger-Einlagen gespickt, wird sich kein Schüler in den Religionsunterricht versetzt fühlen, wenn er die neue CD hört. Musikalisch legen die Hosen gewaltig zu, nicht nur an slappenden Baßsaiten kann man deutlich erkennen, auf welche Musik die Jungs von der Opel-Gang stehen: *Faith no more, Rage against the machine,* selbst im Techno-Lager scheinen sie sich mittlerweile auszukennen. »Techno hat keine ideologischen Inhalte und verweigert sich konsequent jeder Kategorisierung. Das finde ich gut« (Playboy 3/96), so Campino über das vor Jahren noch verhaßte Techno-Fieber. Einen Song über Extasy haben die Hosen mit einem Elektro-Beat untermalt. Die CD endet glücklicherweise mit einer Sauf- und Mitgrölhymne, die, wie viele andere Songs auch, ein bißchen nach Fußballplatz klingt: »10 kleine Jägermeister«. Eigentlich, so hatte Campino vor einiger Zeit in einem Interview gesagt, wolle man keine Sauflieder mehr machen – aber diesen Standpunkt hat er wohl schon wieder überholt. Das hätte dann doch zu viele Fans enttäuscht. »Mit diesem Stück wollten wir allen Leuten, die jetzt meinen, wir sind erwachsen geworden, noch einmal vor den Bug schießen. Wir machen immer noch das, was uns gefällt. Und nach unten hin gibt's keine Grenzen. Das Stück soll zeigen, daß wir weder ein krankes Verhältnis zu unseren alten Sachen haben noch, daß wir eine Dimension des Intellekts erreicht haben, die wir vorher nicht kannten« (Musik Express Sounds, 1.2.96).

Schließlich überwiegt im neuen Album das Schwere, das Religiöse. Im Grunde kein Neuland für Campino, dessen Lieblings-Feindbild der Papst ist und um dessentwillen einige Kirchen neu eingesegnet werden mußten, weil die Hosen sie »entweiht« hatten.

Vor »Opium fürs Volk« verbringt Campino 10 Tage im Kloster. Die Idee kommt ihm während der Hamburger Kirchentage. Er verläßt (total nüchtern, wie er sagt) ein Restaurant und stößt auf ein Plakat, auf dem ein ökumenischer Gottesdienst angekündigt ist. Eigentlich ist er in erster Linie dorthin gegangen, um mal wieder ordentlich über die Leute »abzulachen«. Gottesdienste amüsieren Campino, je katholischer, desto besser. »Die Kirche war sehr voll, und alle haben gefeiert. Es hatte eine unheimliche Power« (Prinz, 1.2.96), sagt Campino. Der Meßwein fließt in Strömen, und zwei Stunden später verläßt er, relativ abgefüllt, die Kirche.

»Der Typ, der mir den ganzen Wein angeboten hat, war der Abt der Benediktinerabtei Königsmünster. Und er hat mir das Versprechen abgerungen, daß ich mal vorbeischaue, wenn ich Ruhe brauche. Und das habe ich dann auch gemacht« (Prinz, 1.2.96). So kam es, daß Campino kurzfristig den Entschluß gefaßt hat, 10 Tage im Kloster zu verbringen, 5 Gottesdienste am Tag inbegriffen, macht also 50 Gottesdienste insgesamt, eine ordentliche Zahl für ein ganzes Christenleben ... Das allgemeine Redeverbot ist dem mitteilungsbedürftigen Predigerpunk sicher nicht besonders leicht gefallen – es kam ihm auch ziemlich komisch vor. »Man beschäftigt sich fast ausschließlich mit sich selbst. Daß über dem neuen Album eine gewisse Schwere liegt, hat aber nicht nur mit diesem Aufenthalt im Kloster zu tun. Viele

Texte waren schon vorher fertig. Aber das Vaterunser habe ich von dort mitgebracht« (Prinz, 1.2.96).

Etwas Neues hat sich übrigens auch im geschäftlichen Bereich der Toten Hosen verändert. Nach gut 10 Jahren bei der Major-Company Virgin haben sie sich endlich selbständig gemacht. Zusammen mit ihrem Manager Jochen Hülder haben sie JKP, Jochens kleine Plattenfirma, gegründet. »Opium fürs Volk« ist somit das erste Album, das die Hosen auf ihrem eigenen Label veröffentlichen. Sie hatten keine Lust mehr, bei großen Plattenfirmen das sichere Geld einzufahren, was einer Art Rentenversicherung gleichkäme – lieber wollen sie das ganze Geld, das ganze Risiko, die ganze Verantwortung. Das ist Punk.

Sie wollen, unabhängig von der großen Musikbranche, die volle Kontrolle über sich selbst haben und Punkrock machen. Nicht im Sinne von Green Day, Offspring oder des Planet Punk. »Wir wollen noch einmal richtig auf die Achterbahn. Wir sind jung genug, um einen Flop zu überleben.

Wenn Risiko, dann jetzt. Natürlich können wir das Ding auch in den Sand setzen. Wenn ich einen Anruf bekomme, daß ein Video mal eben 90.000 Mark mehr kostet, dann wird mir anders. Keiner von uns ist Millionär. Noch nicht. Aber sollte es jetzt in der Kasse klingeln, dann klingelt es satt. Nun ist gewährleistet, daß kein Promoter von irgendeiner Plattenfirma mit einer Nicki- und einer Hosen-Platte zu den Radiosendern läuft und sagt: Spiel diese beiden hier«, erzählt Campino (Prinz, 1.2.96).

Aber er gibt auch zu, daß das Geschäft als Selbständiger Zeit kostet und daß das eigentlich die größte Rarität aller Hosen sei. Nun müssen die Punks Betriebswirte werden, mit Zahlen umgehen und knallharte Geschäftsstrategien anwenden.

Daß sie sich damit wieder zahlreichen Angriffen wie »Ihr seid nicht mehr wie früher« aussetzen müssen, ist den Hosen schnuppe. Das sind sie schließlich gewohnt. »Unser Glück ist es«, sagt Campino, »was auch immer die Kommentare waren, wir haben sie nie auf uns einbröseln lassen. Davor haben wir immer die Türen geschlossen. Und das ist unser Trick. Das ist der einzige Moment, wo sich in der Grundeinstellung der Hosen absolut nichts verändert hat« (Prinz, 1.2.96).

Vor dem Älterwerden und vor dem Weitermachen haben die Hosen keine Angst, weil sie sonst, wie sie sagen, gar nicht mehr da wären. Verrücktheiten sind für sie keine Frage des Alters. »Wir haben in 15 Jahren gelernt, daß es immer irgendwie weitergeht. Und am seltensten so, wie du planst« (Prinz, 1.2.96). »Aber wahrscheinlich gehören die Toten Hosen mehr zu meinem Leben, als ich mir eingestehen will. Ich bin ja nicht zufällig Campino von den Toten Hosen. Die Band wird es solange geben, wie unsere Inhalte mit unserem Alter Schritt halten. Wir werden also nicht versuchen, mit 40 oder 50 die Musik von 30jährigen zu machen. Wahrscheinlich werden wir mit 45 irgendwo auf Barhockern sitzen und mit akustischen Gitarren politisch korrekte Lieder singen« (Playboy 3/96).

Kurz nach der Gründung der JKP haben die Toten Hosen noch ein anderes Projekt in Angriff genommen. Beim Radiosender ORB in Berlin machen sie seit Mai 1995 eine eigene Radiotalkshow. »Tausend Takte Tanzmusik«, einst auf Radio DDR 1 eine bunte Melodienpalette von James Last bis Nana Mouskouri. Auf der Jugendwelle »Fritz« läuft die Sendung mit dem Untertitel »Die Radioshow der Toten Hosen«. »Das kam zustande, als unser Manager den Fritz-Chefredakteur traf und mehr aus Gag fragte, ob man nicht mal was zusammen machen könne. Immerhin kaufen Bands in Amerika ja ganze Sendezeiten bei Radiostationen« (Musik Express, 1.10.95), sagt Campino. Anders als in den USA gibt's die Fritz-Sendezeit zum Nulltarif. Also sind die Toten Hosen mit ihrer Personality-Show regelmäßig im Äther vertreten.

Mit rund zehntausend Takten nur bedingt tanzbarer Musik drängeln sich die fünf Düsseldorfer vierzehntägig unter die Kopfhörer. Vier hinterm Studiotresen, der Frontmann mitten in der Technik des modernen Studios. Ehe sie auf Sendung gehen, wird zunächst einiges im voraus produziert. Niemand kann ihnen Vorgaben zum Thema oder die Plattenauswahl betreffend machen, so ihre Bedingung. »Wenn irgend etwas passiert, liegt die Verantwortung voll und ganz bei uns« (ME, 1.10.95), sagt Campino vor dem Start. Bis jetzt ist der Verlauf der Sendung zwar chaotisch, aber nahezu skandalfrei verlaufen. Andi Meurer hat es von Anfang an gesagt: »Wenn wir versuchen, etwas Professionelles zu machen, dann hat das ja sowieso noch nie richtig geklappt ...« (ME, 1.10.95). Das ist in der gesamten Punkhistorie begründet. Bleibt zu hoffen, daß sich der Sinn des Punkerdaseins für die Hosen nicht bald darin erschöpft, im Radio Geschichten von früher zu erzählen. Geschichten, die auch immer wieder erzählt werden, wenn irgendwo ein Portrait über die Hosen erscheint. Bestimmt wird sich die heutige Jugend ein bißchen wundern, wenn sie lesen, daß Campino schon zum siebten Mal in diesem Jahr erzählt, daß es 20 lange Jahre her ist, seit er zum ersten Mal Pogo tanzte. »Es war in einem Club namens ›Rock Garden‹ in Soho. ›The Court Garden‹ betraten die Bühne, und alle hüpften auf und ab« (Amica 3/96). Campino war so beeindruckt, daß er seitdem versucht, das Erdbeben, das er damals spürte, in Bewegung zu halten ...

»Punk war für mich die pure Energie. Wenn ich von der Penne nach Hause kam, legte ich eine Platte von Clash oder den Sex Pistols auf, und jedes Mal lief mir ein Schauer über den Rücken« (Amica, 3/96). Kurze Zeit später hat er dann mit der Band ZK die Wurzeln der Toten Hosen gegründet. Heute, mit 33, hat er ein bißchen Angst, daß einer sagt: »Campino ist ein langweiliger, alter Sack.« Doch der müsse sich ganz schön warm anziehen ...

4

DIE SEX PISTOLS

ODER DIE WURZELN DES PUNK

Im Jahre 1977 ist in England etwas passiert, was bis dato undenkbar gewesen wäre. Die englische Queen wird in einem Song der Lächerlichkeit preisgegeben. »God save the Queen« von den Sex Pistols hat nicht nur die feine britische Gesellschaft, sondern auch die britische Musikszene aufgemischt. Und das, was damals im tristen England der 70er passiert ist, das sind die Wurzeln der Punkbewegung.

Massenarbeitslosigkeit und Rezession drücken die Stimmung im ganzen Land, die sozialen Mißstände fallen gerade in London auf, wo sich die Bevölkerung schlicht in arm und reich gespalten hat bzw. in Arbeitslose und Menschen mit Arbeit.

Wie derzeit in allen Branchen, so sieht es auch in der Musikbranche aus: Die Szene wird von Disco, Rock 'n' Roll und den paar amerikanischen Plattenfirmen beherrscht, die seit Jahren immer das Gleiche produzieren: langweilige oder schlecht etablierte Bands, die sichere Geldquellen für die Vinylindustrie darstellen. Neue musikalische Talente werden von eingefahrenen Musikagenten gar nicht erst angehört, andere Stile, neue Einflüsse werden im Keim erstickt. Als junger Musiker bleiben einem nur zwei Möglichkeiten: Entweder man sucht sich ein paar halbwegs begabte Bandmitglieder und versucht die Großen, Pink Floyd, Led

Zeppelin oder Yes, zu kopieren, was aufgrund mangelnden Geldes für große Anlagen meistens mißlang, oder man meldete sich arbeitslos. Da bekam man dann rund 60 Mark in der Woche und war dementsprechend frustriert.

Frustriert und gelangweilt wie alle, die ohne Job auf den Straßen herumhingen und darüber nachdachten, was sie an dieser eingefahrenen Situation auf dem Arbeitsmarkt und an der Gesellschaft ändern könnten. Gerade in London ging es darum, ein System zu durchbrechen, das den Arbeitslosen durch die Existenz des Königshauses doppelt paradox und verstaubt erschien.

»Anarchie« heißt da die naheliegende, aber auch einzig logische Schlußfolgerung einer desillusionierten Jugend, die in einer Welt lebt, in der eine Königsfamilie auf dem Berg im Schlosse thront und vom Rolls Royce aus lächelnd dem ärmlichen England zuwinkt. Wie die politische Situation auch immer gewesen sein mag – es ist eine eingefahrene, die es aufzubrechen gilt. Abends geht man auf die Straße und läßt den eigenen Frust an seinesgleichen aus. Schlägereien waren in bestimmten Stadtvierteln Londons so alltäglich wie Ratten in den Kellern – und die Gewalt war genauso wie die Musik, die daraus entstand. Europäische Trends und Jugendbewegungen entstehen von jeher auf den Straßen von Großstädten wie Paris und London, in denen die multikulturelle Gesellschaft sowohl in der Musik- als auch in der Modeszene das Leben erst lebendig macht. Wo so viele verschiedene Strömungen zusammenfließen und dann zu einer einzigen werden. Und sind sie erst einmal geboren, breiten sie sich aus wie ein Lauffeuer. So verhielt es sich auch mit dem Punk.

Warum die Anti-Queen-Bewegung erst 1977 ihren Höhepunkt erreichte und nicht schon viel früher, das ist den meisten Punks noch heute ein Rätsel. Es war einfach notwendig, etwas zu verändern, sagt ein Zeitzeuge, nur daß es gerade der Punk sein würde, das hätte niemand vermutet. An einem Tag lief er noch durch London, erzählt er, und alles schien völlig normal, am nächsten schon habe er Bondage Pants (Hosen mit Reißverschlüssen, Taschen und Ketten zwischen den Beinen) in Knightsbridge bemerkt, und die Kassiererinnen hatten plötzlich bunte Haare. Überall klebten Plakate der Gruppe »The Radiators from Space« (Die Heizkörper aus dem Weltraum), deren Platte hieß: »Wenn die Panzer wieder durch Polen rollen.« Eine merkwürdig chaotische Stimmung hing über London und wirkte im »United Kingdom« wie eine Revolution. Plötzlich war es schick, zerrissene und verschlissene Klamotten zu tragen, ein Arbeitsloser mußte sich nicht mehr schämen, er wurde über Nacht zur Kultfigur dieser Zeit. Man konnte auf der Straße rauchen oder Bier aus Dosen trinken, Armeestiefel waren hip wie noch nie, und je vulgärer die Sprache, desto angesagter war man. So begegnete man plötzlich an jeder Ecke einem, der Passanten beliebig »Fuck you« zuraunte.

Wie immer in London, so wurzelte auch diese Bewegung in der Kings Road/Chelsea. Die Straße ist lang. So lang, daß am einen Ende, zwischen noblen Boutiquen und Discos, die Popper auf und ab flanierten, für die die Straße schon nach den mittleren Hausnummern zu Ende war. Dahinter, stadtauswärts, begannen die Nummern der »Fertigen«. Das Schmuddelende der Kings Road ist also die Heimat der ersten Punks in Europa. Hier haben sie, praktisch am Nabel des Geschehens, auf die krassen sozialen Unterschiede in nur einer einzigen Straße reagiert.

Punk, meint ein Ex-Kings-Road-Bewohner, sei überhaupt nur in England möglich, weil dort die Gegensätze und der Verfall so offensichtlich seien und Verfall sei nun mal das Lebenselixier des Punk.

Alles in London war Verfall: Straßenkinder, Arbeitslose, die Hunger leidenden Musiker, ihr ausgebranntes Publikum. Punk wurde zum Ausdrucksmittel aller sozial Schwachen. Aller, die etwas an der Gesellschaft verändern wollten. Plötzlich traf man sie auch in Londoner Szenekneipen, in schmuddeligen Pubs, einfach überall. Ihre Art zu tanzen wurde modern, ihre Sprache, die Sprache der Straße, wurde die Sprache der Jugend. Vor allem aber ihre Musik wurde schnell etwas ganz Eigenes: hämmernde Grundakkorde, rauhe, laute Stimmen, ausgelassene und aggressive Takte. Obwohl sie in den Ohren vieler grausig klang und ihre Instrumente Schrott waren. Die wenigsten von ihnen beherrschten ein Instrument wirklich. Sie alle waren Leute, die ihre ganz eigene Sache machten, von dem bißchen Geld, das sie zusammengelegt hatten. Zwischen Publikum und Musikern bestand plötzlich ein enges Band, Künstler und Fan waren beliebig austauschbar. Sie trugen die gleichen Frisuren, Ohrringe aus Plastik, Sicherheitsnadeln, zerrissene T-Shirts, Knöpfe im Ohr. Sie zeigten den etablierten Musikagenten den Stinkefinger und bestimmten ihr Schicksal selbst. Punk explodierte in London wie eine Bombe.

Nur ein paar Monate später wurden Punks auf der Straße als notwendiges Übel betrachtet. Man ging ihnen lieber aus dem Weg, behandelte sie, wenn es sein mußte, wie rohe Eier.

In seiner ursprünglichen Form existierte Punk nur neun Monate, dann löste sich die Bewegung in Splittergruppen auf. Die Anfänge waren im Grunde nur ein Riesenspaß, endlich konnte alles, was man bislang für wichtig erachtet hatte, über den Haufen geworfen werden – Respekt, Aufrichtigkeit und der bürgerliche Kunstbegriff. Man konnte zugeben, daß man keinen Bock auf Arbeit hatte und daß einem überhaupt alles scheißegal war. Es war eine Welle der

Solidarität, in der alle Verrückten zusammenhielten und immer verrückter wurden. Neue Punkgruppen gaben sich Namen wie Nipple Erectors (Brustwarzenaufsteller), The Snivelling Shits (Shit-Schnupfer) oder Raped (Vergewaltigt), die eine Platte mit dem Namen »Pretty Pink Paedophiles« (hübsche rosa Kinderschänder) herausbrachte. Der Drogenkonsum vervielfachte sich. »Viele Gruppen«, so ein Zeitzeuge, »hätten auf Pappkartons trommeln können. Ich hätte das nicht mehr mitgekriegt und die anderen auch nicht.«

»Überall gab es Heroin«, erinnert sich John Hannah, ein alter Bekannter von Sid Vicious. John sagt, er habe ihn gern gemocht, obwohl er völlig irre war und schrecklich aus dem Mund gerochen habe. Sid und er hatten sich kennengelernt, als sie gemeinsam auf den Heroindealer warteten. Deshalb kennt John auch die Geschichte der Sex Pistols besser als irgendein anderer. Das Folgende basiert auf seinen Erzählungen: Sie waren die erste und letzte reine Punk-Band, die es je gab, sagt John.

Sie waren niederträchtig, geldgierig, heroinsüchtig und rein musikalisch gesehen völlige Dilettanten. Sie haßten die Queen und waren die größten Anarchisten, die jemals im europäischen Fernsehen auftreten durften. Aber für den Punk waren sie, was Elvis für den Rock 'n' Roll war. Eine Religion.

Ihre Erfolgsstrategie war einfach: Sie mieteten kleine Säle, irgendwo am Ende der Welt. Sie machten heftig Reklame, zahlten mit ungedeckten Schecks, verkauften Eintrittskarten und verschwanden dann.

Das Ergebnis war, daß die Leute in der Gegend sich fragten: »Wer zum Teufel sind diese Sex Pistols?«

Das funktionierte so gut, behauptet John, daß sich irgendwann auch die Presse für sie interessierte. Nach drei Monaten war die Geschichte so aufgeheizt, daß ihnen bereits eine

Legende vorauseilte, ohne daß sie auch nur ein einziges Konzert gegeben hätten.

Immerhin hatten sie so genug Zeit, sich intensiver mit ihren Instrumenten zu beschäftigen.

Als das erste Fernseh-Live-Interview mit Bill Grundy, einem englischen Fuchsberger mit entsprechendem Publikum, stattfindet, haben die Sex Pistols noch keine Bühne von oben gesehen. Grundy kann sich eine blöde Bemerkung über die Freundin des Schlagzeugers Fatty Jones nicht verkneifen – und schon ist der Skandal perfekt. Eine Flut von Beschimpfungen ergießt sich über den Showmaster. Vermutlich war es das erste Mal, daß jemand vor laufender Kamera »Fick dich ins Knie, du alter Bock« zu ihm gesagt oder ihn angespuckt hat.

Ein Fernsehzuschauer zertrümmerte aus Wut seinen Fernseher – der Fernseher war kaputt und die Sex Pistols berühmt. Zeitungen widmeten ihnen so viel Aufmerksamkeit, daß sie über Nacht im ganzen Land berühmt wurden, die »Sun« machte gar die Musik der Sex Pistols nieder, obwohl sie bis dato noch keine gemacht hatten.

Sid Vicious wußte in diesem Moment noch nicht, ob er sich an den Drums oder am Baß versuchen sollte. Johnny Rotten bemühte sich, mit seiner Gitarre klarzukommen, die Malcolm Mac Laren, der die Sex Pistols schuf, ihm gegeben hatte. Nach ein paar Tagen tauschte er sie lieber gegen drei Flaschen Scotch ein. Paul Cook und Fatty Jones konnten bald drei Grundakkorde hintereinander spielen. Mehr brauchten sie nicht. Das Publikum strömte nach wie vor in leere Hallen, in der Hoffnung, die Sex Pistols irgendwann doch noch zu Gesicht zu bekommen. Sid und Johnny lachten sich kaputt, wenn sie sich nicht gerade verprügelten. Ansonsten verbrachten sie ihre Tage mit lustigen, kleinen Scherzen wie Messerstechereien oder damit, feine Leute in

Chelsea anzuspucken oder in Briefkästen zu pinkeln. In der Gruppe gab es eine Art Wettbewerb, wer sich in einer Woche am häufigsten prügeln konnte ... Sid siegte mit drei Messerstechereien und einer Schlägerei in drei Tagen.

Irgendwann beschloß der Manager Mac Laren, seine Bestien nun doch aufs Publikum loszulassen. Nach fünf Minuten war die Sache beendet, alle waren betrunken, und Fatty Jones war gar nicht erst aufgekreuzt. Die Sex Pistols spielten nie länger als 10 Minuten, entweder waren sie betrunken oder sie hatten keine Lust mehr. Ihre erste Single »Anarchy in the UK« wurde sofort auf den Index gesetzt. Vielleicht hat sie sich gerade deshalb so gut verkauft. Der Vertrag mit der Plattenfirma »Virgin« wurde bald wieder aufgelöst, nachdem bei jedem ihrer Auftritte mindestens ein Zuschauer herausgetragen werden mußte. Die Punks wechselten schließlich zu EMI, nachdem Virgin sie an die Luft gesetzt hatte. Bei EMI brachten sie »God save the Queen« heraus. Die Platte wurde wiederum unverzüglich indiziert und verkaufte sich noch besser. Den Zeitpunkt hatten die Sex Pistols geradezu genial gewählt – England feierte gerade das »25jährige Jubiläum der Queen«. Das konnte natürlich auch EMI nicht vertreten und kündigte den Vertrag mit den Pistols fristlos.

Punk war endlich zu einer Bewegung geworden. Und die Sex Pistols hatten sie erfunden und konnten es selbst nicht fassen.

Johnny Rotten sonderte bei jedem, der es hören wollte oder nicht, idiotische Stellungnahmen ab, Sid wurde heroinsüchtig. Sein linker Arm hatte das Muster einer Straßenkarte, teils, weil er es mit der Sauberkeit der Nadeln nicht so genau nahm, teils, weil er seinen Baß mit dem Messer spielte, das er sich zwischen den Akkorden in den Arm rammte.

Die nächste Plattenfirma nahm sie für 75.000 Pfund unter

Vertrag – kein schlechter Verdienst für 14 Tage, denn länger dauerte er nicht. Die Reihe der Skandale und gutverkaufter Singles auf Indexlisten setzte sich fort, bis die Lieder endlich für ein Album ausreichten. Es hieß »Never mind the Bullocks« (»Kümmer dich nicht um die Arschlöcher«). Halb England hat es gekauft.

1978 drehten die Sex Pistols einen Film: »Der große Rock 'n' Roll-Schwindel«. Er machte endgültig deutlich, daß es den Pistols von Anfang an hauptsächlich darum ging, dem Publikum soviel Geld wie möglich aus der Tasche zu ziehen und sich darüber möglichst lange kaputtzulachen. Schlüsselszene: Johnny kniet auf der Bühne, schaut ins Publikum und sagt: »Na, habt ihr immer noch nicht kapiert, daß ihr verarscht werdet?«

Ganz zu schweigen von der Szene, in der Sid Vicious mit einem mit Hakenkreuzen bedruckten Hemd durchs Pariser Judenviertel spaziert ...

Ihren letzten gemeinsamen Auftritt hatten die Pistols in Memphis/USA. Johnny Rotten nannte Elvis den Fettarsch der Musikindustrie, und Sid zertrümmerte seine Gitarre auf dem Kopf eines Zuschauers. Sid Vicious verschwand am nächsten Tag, Johnny Rotten wurde rausgeschmissen. Paul Cook und Fatty Jones gingen nach Brasilien, um Ronald Biggs, den berühmten englischen Posträuber, zu treffen, der vor rund dreißig Jahren mit seinen Komplizen zwei Millionen Pfund aus einem Postzug geraubt hatte. Biggs ersetzte Rotten bei ein paar Auftritten der verbliebenen zwei Sex Pistols. Sid Vicious wurde durch einen älteren Mann ersetzt, der in einer SS-Uniform auftrat. Zu Ehren Biggs sangen sie den Song »Cosh the driver«. Genau das hatte Biggs während des Überfalls getan: dem Zugführer mit dem Schlagstock eins über den Schädel gegeben.

Das war das Ende der Sex Pistols. Keiner weiß, was aus Paul Cook und Fatty Jones geworden ist.

Johnny Rotten gründete seine eigene Band »Public Image Limited«, die sich auf dem selben Niveau bewegte wie die Sex Pistols. Sid Vicious ging nach New York und verlobte sich mit der Striptänzerin Nancy Spungen. Eines Nachts lief er Amok und erschlug Nancy in einem Hotel. Er kam in den Knast und wurde gegen Kaution wieder entlassen.

Das letzte Interview gab er dem englischen Fernsehsender BBC. Er ist leichenblaß und zündet sich eine Zigarette nach der anderen an.

»Was willst du jetzt machen, Sid?«

»Spaß haben!«

»Hast du jetzt Spaß?«

»Bist du verrückt?«

»Wenn du machen könntest, was du willst, wo wärst du jetzt?«

»Unter der Erde!«

Drei Tage später war er da angekommen. Erstochen, nachts auf einer dunklen Straße. Eine punkige Karriere.

5

PUNK 'N' ALTBIER

DIE ERFOLGSSTORY VON 1982 BIS 1989

Jede Mode oder Jugendbewegung, die in England oder in den USA entstand, tauchte früher oder später auch in »good old Germany« auf. So war es mit den Hippies, so war es mit dem Hip-Hop, und so war es mit dem Punk.

Ausgerechnet in Deutschlands gutbetuchter Modehochburg Düsseldorf faßte der Punk in den frühen 80ern als erstes Fuß. Vielleicht aber auch gerade dort, im dichtbesiedelten Ballungszentrum zwischen Rhein und Ruhr, wo soziale Unterschiede so deutlich sind, daß der Protest der Schwächeren unausweichlich ist. Wie im einerseits piekfeinen und andererseits rezessionsgebeutelten London der 70er Jahre. Es kann fast kein Zufall sein, daß sich die schrillste deutsche Punkszene ausgerechnet im Düsseldorfer Szeneladen Ratinger Hof, im Neusser Okie Dokie oder im Aratta des provinziellen Nachbarstädtchens Moers entwickelt hat, dort, wo die Welt noch in Ordnung zu sein scheint.

Zahlreiche Punk-Bands schießen ab 1979 aus dem Boden, von denen kaum eine überlebt. Nur wenige Jahre später schon wird der Punk für tot erklärt.

Und weil es um die Geschichte der Toten Hosen geht, werden nur drei dieser Punk-Bands erwähnt, die es in Insiderkreisen innerhalb kürzester Zeit zu einer gewissen Berühmtheit gebracht haben: der kriminalistische Förderungsclub (KFC), SLIME und ZK. Letztere löst sich schnell wieder auf – was aber von vornherein zu ihrem Konzept gehört. ZK, so heißt es, sollte eine LP aufnehmen und sich dann mit einem Farewell-Konzert verabschieden. Aus dem Konzert wird schließlich eine ganze Tour, die im Moerser Okie Dokie ihren Höhepunkt erreicht. Die ZK-ler Campino, Andi Meurer, Kuddel und Trini Trimpop haben bereits drei Jahre lang in Düsseldorf und Umgebung ordentlich Punk gemacht. Andi, zunächst ZK-Fotograf, ist irgendwann zum Roadie aufgestiegen. Bis dato hatte er die Band jedoch in erster Linie beim Trinken begleitet. Kuddel gesellt sich 1980 zur Altbiertrinkerband. »Wir hatten erst einen anderen Gitarristen angecheckt, dem wir dann aber zu schlecht waren«, erinnert sich Campino. »Der hat uns dann Kuddel empfohlen, der damals erst 15 war. Wir haben uns Kuddel angesehen und festgestellt, daß er immer noch besser war als der Rest der Band. Also haben wir ihn genommen ...« (Tote Hosen Magazin 1/92).

Trini Trimpop, ursprünglich Filmregisseur und Schlagzeuger bei KFC, spielt bei besagter Abschiedstour mit ZK, weil seine eigene Band sich plötzlich aufgelöst hatte. (Daß sie nach seinem Ausstieg reaktiviert wurde, hat ihn dennoch etwas verblüfft.) »Zu verrückt für die, unser Trini«, so Campinos Kommentar (Tote Hosen Magazin 1/92).

Nach der Abschiedstour trennen sich Campino, Trini, Andi und Kuddel als gute Freunde – und treffen sich schon bald wieder. »Der Entzug nach unserer Musik war einfach zu groß«, behauptet Campino (Tote Hosen Magazin 1/92).

Dann gründen sie den CLUB DER TOTEN HOSEN und treffen sich regelmäßig bei Trini im Keller und zur Probe. Nach 100%igem Punkkonzept. Drei Akkorde und eine heisere, brüllende Stimme.

Der Club der Toten Hosen engagiert noch zwei weitere Gitarren, von denen eine nie eingestöpselt wird (weil Walter, so hieß er, noch nie vorher Gitarre gespielt hatte). Walter steht einfach nur vorne und sieht gut aus.

Ihr erstes offizielles Konzert geben die Hosen zu Ostern 1982 im Bremer Schlachthof. Dort werden sie prompt als »DIE TOTEN HASEN« angekündigt.

Die Auswahlkriterien für Band- und Crewmitglieder der »Toten Hosen« sind Lust, Sympathie und Tageslaune. »Breiti haben wir auf einem ZK-Video entdeckt, wo er als Fan in der ersten Reihe stand. Er war ein Schulkamerad von mir«, erzählt Campino, »den wir bei einer Schulreise nach England dazu verdonnert hatten, alle Hosen-Texte auswendig zu lernen« (Tote Hosen Magazin 1/92). Wölli, der Drummer, gesellt sich erst Jahre später, im Januar 1986, zu den Düsseldorfer Punks. Sie haben ihn den Berliner »Suburbiers« ausgespannt. Seitdem sind sie komplett: Sänger Campino, Gitarrist Kuddel, Gitarrist Breiti, Schlagzeuger Wölli und Bassist Andi. Nur einen Managerwechsel hat es einmal gegeben. Eigentlich heißen sie alle, ganz brav und deutsch, Andreas, bis auf Wölli.

Ähnlich chaotisch verläuft 1983 die Präsentation der LP »Opel Gang« im Frankfurter Bahnhof: »Ein Plattenladen in der Unterführung hatte tierisch große Plakate ausgehängt. Als wir ankamen, wurden unsere Songs gespielt, und dazu haben die Veranstalter Bier und Schnaps ausgeschenkt. Da kamen Massen von Leuten«, erinnert sich Campino. »Es war ein voller Erfolg mit riesigem Polizeiaufgebot und gewaltsamer Räumung des Ladens« (Tote Hosen Magazin 1/92).

Das Video »Bommerlunder« schlägt ein wie eine Bombe. In einer kleinen Landkirche bei Fürstenfeldbruck drehen sie den skandalträchtigen Videoclip. Schauspieler Kurt Raab spielt einen fies grinsenden, immer wieder zum Flachmann greifenden Pfarrer, der Hosen-Gitarrist Kuddel mit der damals noch unbekannten Marianne Sägebrecht trauen soll. Die Dreharbeiten enden im Chaos, die Kirche muß neu eingesegnet werden. Damit läuten die Bürgerschrecks den offiziellen Anfang ihrer Laufbahn als solche ein. Das Video landet sofort auf den Indexlisten des öffentlich-rechtlichen Fernsehens, womit die Toten Hosen die Aufmerksamkeit der gesamten Presselandschaft auf sich ziehen.

Im September 1983 wird eine weitere Bandtradition geboren: Sie nehmen eine Weihnachtssingle mit Fab-Five-Mann Freddy Love auf. Eine Hip-Hop-Version des Bommerlunder-Hits namens »Hip hop Bommi Bop«, die erste Punk/Hip-Hop-Koalition überhaupt.

Während der 84er Tournee treiben die Hosen zum ersten Mal nicht nur in Clubs und Discos ihr Unwesen, sondern auch in Talkshows und – vor allem – in deutschen Wohnzimmern. Sie nehmen eine weitere LP »Liebesspieler« auf, anschließend eine Mini-LP namens »Battle of the Bands«, die sämtliche etablierten Heavy-Metal-Größen auf die Schippe nimmt. Dann wird die berühmte »Magical Mystery Tour« ins Leben gerufen. Die Toten Hosen spielen auf privaten Geburtstags-, Hochzeits- und anderen Partys, überall im Bundesgebiet. Einzige Voraussetzung: freie Kost, Logis und Fahrtkostenersatz. Vor allem aber richtig Lust auf Punk und keine Rücksicht auf Schäden. Natürlich geht dabei manch kostbares Inventar zu Bruch – aber das ist auch das Geringste, was man in Kauf nimmt, wenn man die Hosen zu Gast hat. Von der Polizei im Haus oder genervten Nachbarn ganz zu schweigen. Zu einem kleinen Medienereignis wird der Magicaly-Mystery-Gig beim Sprößling des amtierenden niedersächsischen Ministerpräsidenten Albrecht.

Neben der Musik, die für sie nach wie vor reiner Zeitvertreib ist, haben die Hosen gewisse »Bürgerpflichten« zu erledigen, wie z. B. den Zivildienst, den Campino und Breiti in einer Düsseldorfer Psychiatrie absolvieren. Wie sie anschließend zu der Ehre gekommen sind, im Auftrag des Goethe-Instituts eine sogenannte Kulturtournee durch Frankreich zu starten, wissen sie bis heute nicht. Allerdings hat sie das Kulturinstitut nach der Tour als nicht weiter förderungswürdig eingestuft. Auf dem Programm stehen viele Orte, die die Hosen nicht auf Anhieb auf der Landkarte entdecken ... oder die so klein sind, daß sie mindestens zweimal im großen Frankreich existieren. So zum Beispiel »Argens«, wo die Hosen und ihr rosa Bus eines Abends landen. Zwar wundern sie sich, daß es weder einen Bürgermeister gibt, der sie empfängt, noch einen Bürger, der den Club kennt, in dem sie später auftreten sollen. Die vielen Weingut-Schilder haben sie hierher geführt, ins beschaulich schöne Winzerörtchen, das eigentlich nur einen Fehler hat: Es ist das falsche »Argens«.

Im richtigen Argens hat es dennoch, ein paar Stunden später als geplant, ein Hosen-Konzert gegeben. Für die Sache mit dem Weingut hatten sowohl der französische Bürgermeister als auch das gesamte Empfangskomitee des Goethe-Institutes vollstes Verständnis. Haben sie zumindest gesagt.

In Frankreich werden die Hosen zum ersten Mal mit Skinheads konfrontiert. »Wir spielten in irgendeinem Kaff bei Bordeaux«, erinnert sich Faust, seinerzeit Hosen-Fahrer, »da waren viele kleine Skins mit Messern in der Tasche. Sie sind zu den deutschen Mädels gegangen und haben so getan, als wollten sie mit ihnen sprechen. Wenn die Mädchen sich vorbeugten, haben die Skins draufgehauen. Die totale Panik brach im Saal aus« (Tote Hosen Magazin 1/92). Außerdem fehlen nach der Tour ein paar Mikros und weitere (un-)musikalische Hilfsmittel.

Zurück in Deutschland wird die Single »Kriminaltango« mit Kurt Raab als Gastsänger aufgenommen. Raab ist nicht der einzige Gastsänger der Hosen. Im April beginnt mit dem »wahren« Heino aus Berlin eine Zusammenarbeit, die den Hosen so viele Schlagzeilen einbringt, daß ihr Rebellenimage endgültig gefestigt wird. Aber das ist sicher nicht der Grund für die Hosen, den einzig wahren Heino, eine Kultfigur der deutschen Punkerszene, zu lieben. (Dazu mehr in Kapitel 6.) Die Geschichte endet, indem der Hosen-Heino ins Gefängnis wandert und die Hosen von ihrer Plattenfirma EMI, die der Skandalflut langsam überdrüssig, auf die Straße gesetzt werden. Die Toten Hosen wechseln zu Virgin.

Die erste Virgin-LP »Unter falscher Flagge« wird von EMI per einstweiliger Verfügung sofort gestoppt: Auf dem Cover ist das berühmte EMI-Logo, ein Hund vor einem Grammophon (»His Masters voice«), auf der Fahne eines Piratenschiffs als Skelett abgebildet. Für die Produktion haben sich die Hosen bei minus 15 Grad halbnackt in Piratenkostümen auf einem Rheindampfer ablichten lassen. Das Cover wird geändert. Die Platte kommt bei der Musikpresse besonders gut an, im »Musik-Express« wird sie (mit altem Cover) zur Platte des Monats gekürt. »Etwas mehr Pop und weniger Punk und die Jungs hätten den Anflug wahrer Größe«, heißt es noch 1985 in der Plattenkritik. Doch die Jungs befolgen den Rat nicht und halten lieber dem Punk die Treue.

Im selben Jahr verläßt Schlagzeuger Trini Trimpop die Band, weil er sich hauptsächlich mit den Rechtsstreitigkeiten der Band beschäftigt. Außerdem fühlt er sich als einziger dem Management der Band gewachsen, das er später übernehmen wird.

Man bleibt im Gespräch, tourt durch Skandinavien und spielt in Filmen wie »Formel eins« mit. Der Ruf ist endgültig ruiniert, dennoch verkaufen sich die Platten der Hosen nur schleppend. 1985 läßt sich Campino zu folgendem Statement hinreißen: »Die beiden LPs und die Hip-Hop-Maxi liegen so um die 20.000 Exemplare. Für unsere Musik ist der Markt bei 20- 30.000 Stück abgedeckt« (Spex 6/85).

Die Hosen läßt das bis auf weiteres kalt, solange ihnen das Bier nicht ausgeht und sie Spaß haben. Sie verwirklichen, was ihnen in den Sinn kommt. Als nächstes steht eine Ostblock-Tour auf dem Programm. »Wir kannten einen Typ, der hatte schon damals unglaubliche Connections nach Ungarn, Ostberlin und so«, erzählt Campino (Tote Hosen Magazin 1/92). In der Regel reisen sie als »biedere« Touristen ins Land ein. Leider ist der gelbe Opel-Blitz-Tourbus aber so auffällig, daß er beliebtes Ziel für Attacken aller Art wird. So werden mehrfach die Scheiben eingeschlagen, und wichtiges Inventar wie die Stereoanlage verschwindet. Das mit dem Opel tut ihnen heute noch leid. »Er war einzigartig. Wir hatten ihm einen schnelleren Motor eingebaut, denn laut Tacho fuhr er nur 120 km/h. Der Zeiger drehte sich manchmal einmal ganz durch, bis er vorne bei 10 wieder ankam. Außerdem war unser Opel als perfektes Wohnmobil eingerichtet. Schließlich mußten wir häufig darin übernachten« (Tote Hosen Magazin 1/92).

Der erste Ostblock-Gig findet schon 1983 in Budapest statt – vor einem begeisterten ungarischen Publikum. Nachdem diese erste Tour für Hosen-Verhältnisse relativ friedlich über die Bühne geht, sind die Düsseldorfer bei ihrer zweiten Einreise im Jahre 1986 etwas zu vorlaut. Mit wild bunt gefärbten Haaren und in ihrem üblichen Hosen-Outfit werden sie an der Grenze zurückgeschickt. »Wir sind dann flugs in den nächsten Ort gefahren und haben uns bei einem dieser Dorffriseure die Haare grau färben lassen. Wir sahen aus wie ein Stück Scheiße, aber es hat gewirkt. Beim nächsten Mal haben sie uns problemlos über die Grenze gelassen«, sagt Trini (Tote Hosen Magazin 1/92). Den ersten Gig in Ungarn hat die Band erwartungsgemäß verpaßt.

Während sie in Ungarn, Polen und der CSSR offiziell und legal spielen können, gibt es in der Ex-DDR einige Schwierigkeiten. Bevorzugte Auftrittsorte sind Kirchen, schon deshalb, weil es im ehemaligen Arbeiter- und Bauernstaat kaum öffentliche Bühnen gibt, auf denen man die Toten Hosen akzeptiert hätte. »Wenn wir überhaupt auftreten durften, dann im Rahmen einer richtigen Messe – statt eines Kirchenchores gab's halt die Hosen«, sagt Campino (Tote Hosen Magazin 1/92). Daß die Punks als Kirchenchor einen nachhaltigen Eindruck im christlichen Ostteil Deutschlands hinterlassen haben, liegt auf der Hand.

Nur aus der Tschechoslowakei sei man einmal hochkant rausgeflogen. Zu einem Open-Air-Festival im Pilsener Amphitheater reisen massenhaft Jugendliche aus Ostdeutschland an, die über einen Westberliner Radiosender die Ankündigung des Konzerts gehört hatten. Die Volkspolizei reagiert postwendend und holt einige reiselustige Fans direkt aus den Zügen. Knapp die Hälfte von ihnen kommt dennoch bis nach Pilsen, und einige wenige schaffen es sogar hartnäckig bis in die Garderobe der Hosen. Fahrer Faustus meint: »Wir wollten gerne mit den Fans reden, die sich bis zu uns durchgekämpft hatten. Die Bullen wollten die Leute dann bei uns rausholen und sie verhaften. Eine riesige Schlägerei ging los, wir haben uns mit denen geprügelt. Campi sprang einem der Uniformierten mit Karatesprung vor die Brust, worauf der durch den ganzen Raum segelte« (Tote Hosen Magazin 1/92). Dann werden die Hosen von Sicherheitsbeamten mit Schlagstöcken vom Gelände vertrieben.

An der Grenze erwarten sie neue Abenteuer. Der Busfahrer, der die Toten Hosen eigentlich bis nach München bringen soll, fordert Band und Anhang schließlich zum Aussteigen auf, mit der Begründung, er habe keinen gültigen Führerschein. Die Band weigert sich erfolglos, den Bus zu verlassen und kann schließlich nur ein paar aufgeschlitzte Sitze, leere Dosen und Zigarettenkippen als Souvenir hinterlassen. »Dann wurden wir zwei Stunden lang von Grenzbeamten gefilzt. Bis endlich ein Taxi kam, das uns ins nächste Kaff im Westen brachte, waren wir fertig mit der Welt« (Tote Hosen Magazin 1/92).

1986 singen die Hosen gegen Wackersdorf und die Staatsgewalt. In Burglengenfeld wird gegen den Bau der geplanten nuklearen Wiederaufbereitungsanlage mobil gemacht. Zehntausende von Konzertbesuchern stehen hochgerüsteten Polizeibeamten und Bundesgrenzschutzeinheiten gegenüber. Die finden im Tourbus Sprühlackdosen, die kurzerhand zu Terrorinstrumenten deklariert werden. Die Hosen versprechen, ihre »Terrorwaffen« vor der Entsorgung nur zweckmäßig einzusetzen, was in diesem Fall heißt: Sie dürfen damit kein fremdes Eigentum beschädigen, sondern, wenn überhaupt, nur ihr eigenes. Was bleibt ihnen übrig, als ihr Zelt zu opfern, das die Band unter Polizeischutz (!) mit bunten Parolen besprühen will. »Ein Bild des Jammers«, erinnert sich Faustus später. »Zweieinhalb Stunden lang bemühten sich die Jungs erfolglos, ihr Zelt aufzubauen. Darauf bekamen die Polizisten Mitleid mit so viel Unfähigkeit, und die Hosen durften ihre Sprühdosen behalten« (Tote Hosen Magazin 1/92). Aus dieser Situation erwächst erstmals eine Art Verhältnis zwischen Punks und Polizei, das nicht so recht ins Hosen-Image passen will. Am Schluß sind die Jungs mit dem Wackersdorfer Einsatzleiter per du.

Im Herbst 1986 erscheint die dritte LP, »Damenwahl«. Das »Altbierlied« wird als Single ausgekoppelt und ist der Karnevalshit der kommenden Jahre. Zum ersten Mal ist auch Drummer Wölli auf einer LP-Veröffentlichung zu hören. Auch die Damenwahl-Tour läuft nicht ganz nach Plan. In diversen deutschen Städten, u. a. in Karlsruhe und auf Helgoland, haben die Toten Hosen Auftrittsverbot. Nach Helgoland zu kommen, reizt die Hosen deshalb besonders und veranlaßt sie, ein großes Picknick auf der Insel anzukündigen. 350 Fans wollen die Band auf der Überfahrt begleiten, 100 schwerbewaffnete Polizisten mit Schäferhunden MÜSSEN! Außerdem haben sich einige Journalisten auf das Schiff gewagt, wie das »TAZ-Unterwegs-Team«, das an Bord der MS-Helgoland eine Enttäuschung nach der anderen erleben muß: »Die Seemöwen verschmähten unsere Erdnüsse, die wir extra für sie gekauft hatten. Es kam allerdings noch schlimmer: Im Tanzsaal stand zwar das ganze Bandequipement – nur die Musiker waren nicht da. Sie waren überhaupt nicht an Bord« (TAZ, 22.10.86). Dem Kapitän gelingt es, die Fans mit viel Bier und guten Worten zu beruhigen, und die Frage, was man um Himmels willen ohne die Toten

Hosen in Helgoland solle, erübrigt sich im Laufe der Überfahrt – die Anwesenden samt Polizei haben sie, zum Teil sehr erleichtert, genossen.

Der offizielle Sponsor der »Damenwahl-Tour«, der Kondomhersteller Fromms, deckt alle Passagiere an Bord mit reichlich Gummiproviant ein. Bei jedem Gig verteilen die Hosen rund 400 Präservative, die neben Seife und Parfum auch der LP beiliegen. Eine gewagte Aktion, denn 1986 läßt man sich als Band allenfalls von Kaugummi- oder Autofirmen sponsern. Danach nehmen die Hosen, in Anlehnung an das erste Album der Sex Pistols »Never mind the bullocks«, ihre dritte LP »Never mind the Hosen – Here's Die Roten Rosen« auf. Nicht nur die Cover sind beinahe identisch. Das nicht sonderlich ernstgemeinte Projekt, Coverversionen deutscher Schlager à la Dieter Thomas Heck zu veröffentlichen, wird von der Plattenfirma ernstgenommen. Es entsteht ein Album (inkl. »Im Wagen vor mir fährt ein schönes Mädchen«), das sich mehr als 100.000 mal verkauft. Die Hosen finden sich erstmals in den Verkaufscharts.

Unter dem Motto »Ein bunter Abend für eine schwarze Republik« gehen sie auf Europatournee und treten auf dem dänischen Roskilde-Festival vor rund 60.000 Besuchern auf. Aus dem Material der Europa-Tour-Konzerte entsteht später die Live-LP »Bis zum bitteren Ende«.

Dann kommt die Sache mit Alex. Alex gehört zu einer Gruppe Jugendlicher, die mit sinnloser Gewalt versucht, aus Gesellschaftsnormen auszubrechen. In der Bonner Inszenierung des Theaterstücks »Clockwork Orange« erzählen die Hosen in Anlehnung an den Anthony-Burgess-Roman »Das Uhrwerk Orange« die Geschichte von Alex, der seiner Umwelt ein Graus ist und die Realität als perfekte Horrorschau empfindet. Groteske Gesellschaftsbilder, die in Alex' Innenwelt entstehen, werden auf der Bühne in einem Pop-Punk-

Campino in Aktion beim Open-Air-Konzert (Jat, München)

Oben: **Breiti, Wölli, Campino, Andi und Kuddel, v. l. n. r.** (action press, Hamburg)
Unten: **»Hey, hier kommt Alex!«** (PPW – Max Kohr, Berlin)

Oben: **Die »Opel-Gang« auf der Bühne** (Set, München)
Unten: **Die fünf Düsseldorfer Musiker sprengen alle Mauern** (Jat, München)
Nächste Doppelseite: **Die Toten Hosen live; Alles geben ... »bis zum bitteren Ende«** (Set, München)

HOSEN
FICKEN
BLAS

Beethoven-Gewirr inszeniert. »Für uns war Clockwork Orange immer ein Kultfilm. Deshalb haben wir das Angebot, bei dem Stück mitzuwirken, auch angenommen«, sagt Campino (Tote Hosen Magazin 1/92). Das Bonner Stadttheater weist per Aushang das Publikum darauf hin, daß es dieses Mal etwas lauter werden könnte. »Hier kommt Alex« wird schließlich einer der Kulthits der Toten Hosen und als Singleauskopplung der LP »Ein kleines bißchen Horrorshow«, die die Düsseldorfer im Juni 1988 zur Hälfte eigens für »Clockwork Orange« geschrieben haben, veröffentlicht. Das Cover zeigt Ludwig van Beethoven. Der Bayerische Rundfunk setzt die Single wegen Gewaltverherrlichung auf die schwarze Liste. Campino möchte ohnehin in keiner bayrischen Sendung zu sehen sein, weil er typische Bayern haßt und München zum Kotzen findet. »Ein kleines bißchen Horrorschau« bringt den Hosen die erste goldene Schallplatte ein. Kritiker werden schließlich hellhörig ... die üblichen Verdächtigungen. »Erfolg ist nicht schlimm, solange du tust, was dir Spaß macht«, sagt Breiti (Tote Hosen Magazin 1/92).

Am Sound und an den Texten hat sich wieder nichts verändert, so ist im Munzinger Poparchiv zu lesen. Es geht also weiter nach dem Grundsatz Spaß & Skandale, Musik nach Lust und Laune.

Im September reisen die Düsseldorfer nach Litauen, wo sie auf dem Lithunia Festival auftreten. Bei einem dieser Auftritte werden die Hosen zur besten Band der Veranstaltung gekürt. Die Stimmung ist bereits von der nahenden Auflösung der Sowjetunion geprägt, und die Hosen mit ihren manchmal aggressiven und wilden Songs liegen am Puls der Zeit. »Disco in Moscow« wird zum Hit des Abends.

Mit der Frühjahrstour 1989 brechen die Hosen alle bisherigen Rekorde. Darunter der größte: eine komplett ausverkaufte Dortmunder Westfalenhalle, was bis dato noch keiner deutschsprachigen Band gelungen war. Wenn ein Konzert ausverkauft ist, spielen die Hosen am selben Abend selbstverständlich noch einmal für alle, die keine Karten bekommen haben oder für diejenigen, die (trotz Sozialpreis) kein Geld haben, um sich eine zu kaufen, vor der Halle auf der Straße – mit Mini-Anlage und Megaphon. Ein teurer Spaß, denn anstelle der Rechnungen für demolierte, zur Bühne umfunktionierter Autos hätte man auch ein paar Gratis-Konzerte in gemieteten Clubs geben können. Aber das wäre halt nicht so lustig gewesen.

Die Tour steht unter dem Motto »Rettet die Fortuna«. Auf jede Eintrittskarte wird eine Fortuna-Mark für den Düsseldorfer Fußballverein aufgeschlagen. 150.000 Mark kommen dabei zusammen, mit denen sich der Lieblingsverein der Toten Hosen einen neuen Spieler kaufen kann. Kurze Zeit später steigt die Fortuna wieder in die erste Liga auf. Wie ihre größten Fans, die noch im selben Jahr in die obere Liga der deutschen Rockmusik aufsteigen. Mit wehenden Fahnen ziehen die Düsseldorfer los. Auf den Kreuzzug ins Glück.

6

DER WAHRE HEINO

ODER DER BEGINN EINER WUNDERBAREN FREUNDSCHAFT

Man stelle sich folgendes vor: Die Düsseldorfer bauen über Nacht eine Kirche in ihrer Stadt und nennen sie den »wahren Kölner Dom«. Wahrscheinlich würden 90% aller Deutschen denken, jetzt sind die Düsseldorfer völlig durchgedreht, und die restlichen 10% hätten ihren Spaß. Vielleicht würde sich aber auch eine Kölner Bürgerinitiative gegen den Düssel-Dom stark machen und einen gerichtlichen Beschluß für den sofortigen Abriß erwirken.

So geschehen im Jahre 1985 mit einer festen, deutschen Institution. Heinz Georg Kramm, besser bekannt als »Heino«, singt seit nunmehr 20 Jahren von Bergvagabunden, blauen Enzianen und anderen Symbolen der Alpenlandschaft. Altes, deutsches Liedgut, zeitlos ... aktuell. Über 20 Millionen Platten kann man damit in Deutschland verkaufen, nach heutigem Stand hätte also jeder vierte Deutsche eine Heino-LP im Regal. Kaum ein Deutscher, der ihn nicht kennt und doch kaum einer, der zugeben würde, daß er eine solche Platte besitzt. Er nennt sich selbst »Sänger der schweigenden Mehrheit«. Vielleicht macht er deshalb heute Werbung für McDonalds, die Fastfood-Kette, die sein Schicksal teilt. Das Volkssängerdasein des Mannes mit dem weißblonden Haupthaar und der dunklen Sonnenbrille gestaltet sich weitgehend skandalfrei, bis plötzlich ein Punk behauptet, er sei der »wahre Heino«. Bei einem Punkfestival in Berlin-Kreuzberg greift Norbert Hähnel, der mit 17 Jahren zum ersten Mal Heino live erlebt hatte, zur Sonnenbrille. Er scheitelt sich sein weißblond gefärbtes Haar und trägt das Deutschlandlied in drei Strophen vor. Das war 1981, just auf derselben Veranstaltung, auf der auch die Hosen auftreten, die von dem Berliner Heino-Imitat so angetan sind, daß sie ihn prompt als Frontsänger engagieren.

Man geht zusammen »Unter falscher Flagge« auf Deutschlandtour und singt allabendlich vor 600 bis 700 punkfreundlichen Jugendlichen, für Hausbesetzer und sozial Schwache, die sich an ganz neuen, obszön herausgebrüllten Versionen von »Blau blüht der Enzian« und »Karambo Karacho« erfreuen. Doch die EMI, die sich aufgrund unglaublicher Spesenabrechnungen der Toten Hosen ohnehin im Streit mit den Düsseldorfern befindet und ganz nebenbei auch Heinz-Georg Kramm aus Bad Münstereifel-Escherscheid unter Vertrag hat, findet es plötzlich gar nicht mehr komisch, daß der Berliner Punk vor jedem Konzert allen Ernstes dem Publikum seine Wandlung vom deutschen Volkshelden zum Punk erklärt: Im schwarzen Armenviertel von Johannesburg/Südafrika habe er eine »Negerkapelle« kennengelernt und wolle mit ihr eine LP aufnehmen – als Wiedergutmachung dafür, daß er sich so oft habe von weißen Rassisten feiern lassen. Seine Plattenfirma EMI habe ihm jedoch dieses Vorhaben verboten, ergänzt Manager Raff Blendax (der des echten Heino heißt Ralf Bendix), da es ihr nicht ins Konzept passe. Heino sei über diesen Vorfall und die Beschneidung seiner persönlichen, künstlerischen Freiheit so verärgert gewesen, daß er der EMI fristlos gekündigt und sich nach Berlin-Kreuzberg abgesetzt habe.

Diese Geschichte geht dem Plattenriesen mit dem Hundelogo doch entschieden zu weit. Sie schalten einen Anwalt ein, der Hähnel per einstweiliger Verfügung das Weitersingen als »wahrer Heino« verbietet. Der Kreuzberger ignoriert den gerichtlichen Beschluß, der »für jeden Fall der Zuwiderhandlung eine Ordnungsstrafe bis zu DM 500.000 oder eine Haftstrafe bis zu 6 Monaten« fordert.

Norbert Hähnel singt weiterhin zum Playback der beliebtesten Heinosongs und erzählt die immer weiter gesponnene Geschichte: »Ihr wißt ja, es gibt da diesen Burschen aus Bad Münstereifel, diesen Doppelgänger, der mich jetzt verklagt hat ...« (Zeit, 19.7.85). An der Eingangstür jeder Konzertlokation hängt fein säuberlich der Gerichtsbeschluß mit der vollständigen Adresse des echten Heino Kramm, damit das Publikum »bei dem mal vorbeischauen kann, um ihm eins auf die Fresse zu hauen«, rät der »wahre« Heino seinen Fans (Zeit, 19.7.85).

Norbert Hähnel will seine Identität als Heino nicht kampflos aufgeben. Er strebt einen großen Prozeß an, in dem er dem anderen Heino Auge in Auge gegenübersteht. Um, so die offizielle Presseerklärung von Manager Blendax, »allen öffentlich zu sagen, daß es sich bei der Figur, die von EMI Electrola weiterhin als Heino vermarktet wird, lediglich um ein Double handelt, welches bereits Mitte der 70er Jahre, als Heino unter Depressionen litt, bei verschiedenen Anlässen als Double verwendet wurde.«

Diesen Verdacht weist der Plattenkonzern entschieden zurück. Solange sich die Geschichte noch im »üblichen Umfeld dieser Leute« (Punkbars & Hinterhöfe) abgespielt habe, sei es ihnen gerade noch egal gewesen, erklärt die Plattenfirma. Aber jetzt, da der falsche Heino auch in Talkshows auftritt und die Leute sogar in die »falschen« Konzerte gehen, weil die Plakate »Die Toten Hosen und Heino« ankündigen, sei das nicht mehr tragbar. Das Markenzeichen Heino siche-

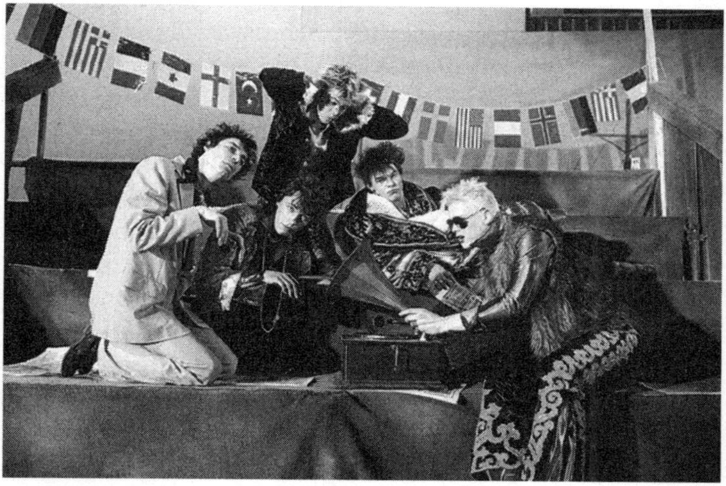

re schließlich auch Arbeitsplätze und sei neben den Beatles der größte Umsatzträger der EMI.

Das nützte dem gerichtlich geschützten Heino wenig. Kurz nach den Hosen verlor auch er seinen Plattenvertrag bei der EMI. Offizielle Begründung: er habe sich der Lächerlichkeit preisgegeben, der Plattenverkauf habe nachgelassen, er sei der Flop des Jahres.

Für Heino Hähnel geht die Sache nicht besser aus. Er verliert den Prozeß gegen den weißblonden Volkssänger, muß 20 Tage in den Knast oder DM 10.000 in bar plus Prozeßkosten zahlen. Das kann er nicht, also geht er lieber nach Berlin-Moabit. Vorher aber geht noch einmal richtig der Punk ab.

Ein offizieller Nachruf in der »TAZ« mit dem Titel »Unser Heino ist gestorben, liebe Trauergemeinde, sehr verehrte Punks ...« läßt manche Verwirrung ob der Echtheit des einen oder anderen Heinos zurück. Das Abschiedskonzert für den »wahren Heino« findet unter dem Motto: »Lieber ein

Ende mit Schrecken als ein Schrecken ohne Ende« im Berliner Tempodrom statt. Die Punkszene tobt geschlagene 12 Stunden im Bier- und Pogorausch, um dem »wahren Heino« das letzte Geleit zu geben. Auf zwei Bühnen brettern zahllose Punk-Bands pausenlos schräge Trauerarien gen Himmel. Selbst die alten Todfeinde der Toten Hosen, Die Ärzte, lassen in dieser Nacht das Kriegsbeil ruhen und begleiten ihren Heino würdevoll zum Sarge. Auch die Mimmis und ZK reaktivieren sich für diesen Anlaß ein letztes Mal.

Damit sind die Prozeßkosten abgedeckt, und der »wahre Heino« kann danach nicht nur schuldenfrei leben, sondern sogar seinen »Scheißladen« (so heißt seine Berliner Kneipe tatsächlich) renovieren. Und ein neues Plattenlabel für alle Punk-Bands ins Leben rufen, deren Vorbild er war, die sich Beatles oder Roy Black nennen. Heino grölt seinen Blauen Enzian ein letztes Mal, und dann furzen sie alle zusammen die erste Strophe des Deutschlandliedes hoch in den Himmel über Berlin.

Nach 20 Tagen Moabit ist Heino Hähnel wieder auf freiem Fuß. Er wird von Freunden, mit schwarzen Sonnenbrillen und blonden Perücken verkleidet, im Leichenwagen abgeholt. Bei der Entlassung spricht der ehemalige Gastsänger der Toten Hosen von einem krassen Fehlurteil. Er sei als Heino vor einem Publikum aufgetreten, das um die Maskerade gewußt habe. Daher sei das Urteil absurd. »Heino mit den Toten Hosen, das ist ungefähr so, als würde Helmut Kohl im schwarzen Block der Autonomen mitmarschieren«, sagt er (SZ, 27.11.87).

»Das Hähnel«, wie Freunde ... gerne nennen, läßt sich das Singen bis heute nicht verbieten. Seinen wahren Namen darf er dabei allerdings nicht nennen.

7

KREUZZUG INS GLÜCK

DIE WENDE – VOM BÜRGERSCHRECK ZUM TOPVERDIENER

Die Aufnahmen für ihr Doppel-Album »Auf dem Kreuzzug ins Glück« sind endlich beendet, da gönnen sich die Hosen eine gemeinsame Kulturreise durch die frisch gewendete Ex-DDR. Vielleicht die letzte Reise, die die Band inkognito genießen kann, während der sie abends unangemeldet unter Pseudonym in kleinen Clubs spielen kann und nicht von ehrfürchtigen Fans belagert wird. Wenn »Kreuzzug ins Glück« erschienen ist, werden sie vielleicht nicht mehr dieselben Hosen sein, die Hosen, die in Wohnzimmern spielen, in alten Opels herumfahren und sich für keinen ärmlichen Hinterhof zu schade sind. Denn dann werden sie zum ersten Mal in ihrem Leben von der ganz großen Kommerzwalze überrollt, die ihnen viel, viel Geld, noch mehr Ruhm und eine Menge Verpflichtungen aufbürdet. Die LP rast innerhalb kürzester Zeit auf Platz eins der deutschen Charts. Eine einzige Woche nach Veröffentlichung wird sie vergoldet.

Einer alten Bandtradition folgend, belehren die Toten Hosen einige mißtrauisch gewordenen Punks eines Besseren, kaum daß sie ihr erfolgreiches Album veröffentlicht haben. Der Tradition also folgend, die schon mehrfach in der Bandgeschichte dazu geführt hatte, daß diverse Gotteshäuser im gesamten Bundesgebiet neu eingesegnet werden mußten, nachdem sie von den Punks entweiht und die Düsseldorfer der gottlosen Geschmacklosigkeit bezichtigt worden waren.

Kaum ist also die neue Single »Alles wird gut« im Handel, da empört sich schon ein Düsseldorfer Pfarrer über das Cover. Es zeigt ein Rubens-Gemälde von der Kreuzigung Jesu, auf dem die Hosen die Kreuzinschrift »INRI« durch ihre eigenen Initialen DTH ersetzt haben. »Gotteslästerung«, regt sich der Priester auf, »die Menschen versinken in Schmutz und Asche«. Auch im erzbischöflichen Ordinariat in München fällt man fast aus den Beichtstühlen, als die ehrwürdigen Ordensmänner dieses Cover zu Gesicht bekommen. »Wir hoffen«, heißt es in der Presseerklärung, »daß die Jugendlichen kritisch genug sind, um diesen unzulässigen Gag richtig einzuordnen. Außerdem spricht es wohl für sich, wenn eine Gruppe sich Die Toten Hosen nennt.«

Trotzdem haben die Hosen für die Aufnahme an ihrer neuen LP einen süddeutsch-katholischen Bürger engagiert, der sich an ihrer »unchristlichen« Arbeit beteiligt. Allerdings einen, der mit einer anderen, etwas weltlicheren Auffassung von Humor aufwartet; ihren guten Freund Gerhard Polt: Das bayrische Urviech (»Man spricht deutsh«) ist auf dem Doppel-Album mit »Willi«, einem Kurzdrama in drei Akten, zu hören. Für die musikalische Untermalung des Dreiteilers sind die Anarcho-Bayern »Biermösl Blasn« zuständig.

Der Grundstein für diese musikalische Freundschaft wurde am 26. Juli 1988 während des Anti-WAA-Festivals im Oberpfälzer Burglengenfeld gelegt. Als Hansi Well von den Biermösl Blasn die Toten Hosen bei seiner Ankunft in Burglengenfeld bereits von weitem dröhnen hört, denkt er spontan: »Oh Gott, was ist das denn? Da fahre ich sofort wieder zurück« (SZ, 11.8.90). Ausgerechnet von den fünf Düsseldorfern aber ernteten er und seine beiden Kollegen später auf der Bühne so frenetischen Applaus, daß man sich schließlich zu einem kleinen Gespräch und anschließend in regelmäßigen, halbjährlichen Abständen zu gemeinsamen Auftritten traf.

Kein Wunder, daß die Biermösl Blasn und die Hosen sich so sympathisch sind. Wurden doch die Biermösls einmal in Anwesenheit bayrischer Politprominenz zum Maibockanstich gebeten und sangen prompt: »Schwarzbraun ist die Haselnuß, dem Stoiber gilt der Sängergruß.« Das soll jedoch nicht heißen, daß die Hosen sie aus reiner Freundschaft zu den Aufnahmen des Kreuzzugs eingeladen haben, denn Campino hält von ihrer musikalischen Qualität ebensoviel wie Biermösl Blasn von den Hosen. Er wisse nie, ob sie schon mit dem Stück angefangen hätten, oder ob sie noch beim Instrumentestimmen seien (Süddeutsche Zeitung, 11.8.90). Genau das sei es auch, was sie miteinander verbinde.

Doch zwischen all dem Klamauk mit »Willi« bleibt auf dem Album noch genügend Platz für knallharte Riffs, oder für augenzwinkernde Country-Versionen ihrer Hymnen »Liebesspieler« oder »Opel Gang«. Ein buntes Sammelsurium, wie immer ohne Konzept und ohne Plan. Die Geschichte mit dem Durchbruch will Campino noch nicht so recht glauben. Schon nach Wackersdorf, ja sogar nach der Heino-Geschichte hatten ihnen viele das gleiche vorausgesagt.

»Die Platte war wesentlich origineller und abwechslungsreicher als die Vorgänger«, heißt es im Munzinger-Pop-Archiv, »sie strotzte nur so vor Ideenreichtum.« Zwei Songs sind in englischer Sprache eingespielt, wobei Ex-Boys-Sänger Honest John Plain den Gesangspart übernimmt. Alle Single-B-Seiten wurden neu aufgenommen, z. B. »Bommi Bop« und »Opel Gang«. Aus dem »Kreuzzug ins Glück« wird tatsächlich ein Kreuzzug zum Höhepunkt der bisherigen Bandgeschichte. Zumindest in finanzieller Hinsicht.

Das hält die Hosen allerdings nicht davon ab, mit Mann und Maus zur Fußball-WM nach Italien zu jetten, um dort in Zelten zu übernachten. Regelmäßig berichten sie für diverse Radiosender über das Geschehen am Rande der sportlichen Ereignisse. Über italienische Küche beispielsweise oder über Autofahren und das Italienische im allgemeinen. Im Juli reist die Band zum ersten Mal offiziell in die USA, wo sie in New York einen Auftritt im New Music Seminar haben.

Zurück in Deutschland, gehen sie sofort wieder auf Tournee und bestreiten in Köln das Vorprogramm der Rolling Stones, nachdem man von diesen höchstpersönlich als Support ausgewählt worden war. Während der bis zum Ende des Jahres fortgesetzten Tournee melden die Veranstalter durchgehend »ausverkauft«. Von der Doppel-CD werden neben »Alles wird gut« noch die Stücke »Azurro«, »All die ganzen Jahre« als Maxis mit insgesamt neun neuen Songs auf den B-Seiten ausgekoppelt. Nach Tourneeschluß beginnen sie unverzüglich mit den Vorbereitungen zum neuen Album »Learning English«. Doch zuerst erledigen die Düsseldorfer ein längst überfälliges Projekt: den Film zum Leben.

Bandmanager Trini Trimpop hat diese Idee schon lange im Kopf. Doch jetzt erst kommt das Video zum Hit »Drei Akkorde für ein Halleluja« unter gleichem Titel als aufgeblasene 35-mm-Kopie in die deutschen Kinos. Ein klein wenig Rebellion, ein kleines bißchen Horrorschau – das in etwa haben die fünf Jungs in 90 Minuten zu bieten. Ein kunterbuntes Sammelsurium, wieder ohne Konzept und eine wilde Mischung aus Provokation, Interviews, Konzertmitschnitten und schließlich Statements prominenter Freunde. Darunter Metzgersgattin Else Stratmann (alias Elke Heidenreich) oder auch der ehemalige niedersächsische Ministerpräsident Ernst Albrecht, dessen Haus und Garten bei einem »Magical-Mystery-Konzert« der Hosen ein wenig verwüstet wurden.

Mit ihrem Film setzen sie sich selbst ein Denkmal: Das Benefizkonzert für die Stahlarbeiter Rheinhausens, als die Hosen selbige kollektiv herunterließen, kommt optisch gut rüber; ebenso wie das Anti-WAA-Festival im Sommer 1986, auf dem das Quintett lauthals »Ficken, bumsen, blasen. Alles auf dem Rasen« forderte. Auch dem »wahren Heino« haben sie mit »Drei Akkorde für ein Halleluja« ein Denkmal gesetzt. Hinzu kommt ein Live-Auftritt aus »Vier gegen Willi«, in dem die Hosen hemmungslos Einfamilienhaus und Bausparvertrag der unschuldigen Spielkandidaten auseinandernehmen, sowie eine Ansprache des Helgoländer Bürgermeisters, der den Besuch der Hosen auf der Insel mit dem Ausbruch des Zweiten Weltkriegs vergleicht. Für einen echten Hosen-Fan ist dieser Film ein unausweichliches Muß, auch wenn er rein filmisch gesehen eher unter die Kategorie »katastrophal« fällt. Aber das hätte auch keiner anders erwartet! Ein technisch und filmisch perfekter Streifen käme wahrscheinlich dem Verrat am Punk gleich. Für dieses Jahr genügt es schließlich, daß die Hosen zu den Topverdienern der deutschen Musikbranche avanciert sind.

1991 ist für die Hosen das Jahr der alten Punk-Idole (siehe Kapitel 8). Nach einer ausführlichen Europatournee mit diesen versucht sich Campino im folgenden Jahr kurzfristig als Filmstar in »Langer Samstag« von Hanns Christian Müller. Im Dezember veröffentlichen die Hosen die Single »Sascha – Ein aufrechter Deutscher«. Die Republikaner versuchen, den Song gerichtlich verbieten zu lassen – erfolglos. Die Single wird auf dem »Heute die – morgen du«-Festival in Frankfurt zum ersten Mal gespielt, und der Song plaziert sich sofort in den Top Ten. Der Erlös, mehr als eine Million

Mark, geht an den »Düsseldorfer Appell gegen Ausländerhaß«.

Nach dem erneuten Presserummel um »Sascha« beginnen die Hosen im Januar 1993 mit dem Album »Kauf mich!«. Eine unverblümte Forderung in knalligem Orange auf dem CD-Cover, der all denjenigen ein Wink mit dem Zaunpfahl sein soll, die den Düsseldorfern immer wieder den Ausverkauf vorgeworfen hatten, eine durchaus übliche Praxis unter Musikjournalisten, die über die Hosen schreiben. Andi hat bereits originelle Vorschläge für das Nachfolgealbum parat, das er gerne »Kauf mich auch!« nennen würde. Das übernächste soll dann »Nimm zwei« und das darauf folgende »Jetzt erst recht« heißen ... Gitarrist Breiti rückt diese seriös klingenden Zukunftspläne jedoch sofort wieder zurecht, und Campino stellt endgültig klar: »Das mit der Knallfarbe ist so zu verstehen: Wir sind eigentlich ziemlich traurig darüber, daß die Vinylplatte jetzt endgültig zu Grabe getragen wurde. ›Kauf mich!‹ ist unsere erste Scheibe, die in nur ganz erschreckend kleiner Stückzahl gepreßt wurde. Wir fanden, daß es gar keinen Sinn mehr hat, so ein windiges Foto zu verwenden für so eine kleine CD« (Frankfurter Rundschau, 22.5.93).

In den etwas düster geratenen Balladen des Albums mit dem schrillen Outfit schürfen die Hosen dieses Mal etwas tiefer und entdecken seelische Abgründe. Campino singt gegen sein Gewissen an und schürt Selbstzweifel in »Mein größter Feind«. Das Eifersuchts-Drama »Alles aus Liebe« endet im Desaster – der Freund erschießt die Freundin und dann sich selbst. »Ich glaube, ich habe noch nie so zynische Texte geschrieben wie für diese Platte«, sagt Campino. »Ich habe einfach drei Jahre lang keine Texte mehr geschrieben. Es hatte sich viel angestaut, das sich jetzt entladen hat« (Frankfurter Rundschau, 22.5.93).

Ganz humorlos ist auch dieses Album nicht geraten. Wenn Gerhard Polt und Tom Gerhart zwischen den Texten als Werbe-Spezies für Kondome mit der Kettensäge antreten, sind auch die lachwütigen Hosen-Fans wieder bedient. Auch die Hosen teilen heftig aus – an perverse Video-Freaks und vor allem an »Sascha, den aufrechten Deutschen«.

Die Situation in diesem Land sei jetzt eine ganz andere. Deshalb sehe diese Platte wie ein Rundumschlag aus. Die Maueröffnung sei eine Anordnung von oben gewesen. Über »Friedliche Revolution« könne er nur lachen. »Denen hätte leicht dasselbe passieren können wie den Chinesen, dann wäre Schluß gewesen. Und die Westarschlöcher sagen, wir hätten das Wirtschaftswunder kreiert. Wir sind Nutznießer des kalten Krieges, die Alliierten haben uns alles geschenkt. Von wegen, wir haben was geleistet. Wer sich so bescheißt, kommt nicht weiter« (Hamburger Morgenpost, 19.5.93). Dann entschuldigt sich Campino einsilbig für die etwas har-

Marshall
Marshall

Oben: **Das Eishockey-Match gegen die *Leningrad Cowboys* wurde zum »Kult auf Kufen«** (action press, Hamburg)
Unten: **Von wegen »tote Hose«** (Jat, München)

Oben: **Campino und Kuddel** (action press, Hamburg)
Unten: **Breiti und Campino singen um die Wette** (PPW – Max Kohr, Berlin)

Campino mal als »Rotschopf« (Jat, München)

ten Worte, sagt der Reporterin, das sei sein Schlußwort gewesen und verabschiedet sich. In Interviews kann er, wie man mittlerweile weiß, manchmal richtig ungemütlich werden.

Im Mai setzen die Hosen die Tradition ihrer berühmten »Magical-Mystery-Tour« fort und treten drei Monate lang ausschließlich in Clubs, auf Privatpartys, in Gefängnissen, in katholischen Mädcheninternaten und sogar auf einer österreichischen Alm vor vier Zuschauern auf. Ein Kapitel für sich (11)!

Dann gehen sie im Sommer mit U2 auf Open-Air-Tournee. Gleich am ersten Tag läßt Bono, Frontmann-Kollege von U2, Campino einen handgeschriebenen Brief überbringen, »Welcome to the U2-Show«, und daß er sich freue, die Toten Hosen dabeizuhaben. Er hat sich sogar den Text von »Sascha« übersetzen lassen und schreibt, daß er den Song sehr gut und wichtig finde. »Bono konnte sogar unsere Namen richtig buchstabieren. Nur aus Sascha hat er ›Schascha‹ gemacht« (Musik Express, 1.8.93). Zwei Tage später, in München, steht ein Fläschchen Schampus mit einer Karte von allen vier U2-Männern in der Hosen-Garderobe. Nachdem Campi und Bono, ein sonst von Bodyguards abgeschirmter Rockstar, eine ganze Nacht gemeinsam durchgebechert haben, ist das Eis zwischen den Bands geschmolzen. »Über die Musik von U2 kann man sich streiten«, meint Campino. »Aber die Jungs sind interessiert daran, was in Deutschland passiert. Die wissen auch immer genau, in welcher Stadt sie gerade spielen« (Musik Express, 1.8.93).

Kein Wunder, daß die Toten Hosen diese Eigenschaft, die sie selbst anscheinend nicht besitzen, so bewundern. »Wir sind froh, in eurer Stadt spielen zu dürfen. Hier sind wir immer gut behandelt worden, haben immer ein Frühstück bekommen. Hallo Mannheim!« begrüßt Campino sein Publikum in München. Die Stuttgarter begrüßt er mit »Hallo Pforzheim!«, die Berliner mit »Hallo Frankfurt!«. In Köln schießt er schließlich mit einem freundlichen »Hallo Bielefeld« den Vogel ab (ME, 1.8.93). Schließlich wollen die Hosen die 50.000 Fans, die gekommen sind, um U2 zu sehen und für die sie nur die Vorgruppe sind, ein bißchen auf die Schippe nehmen. Da sie ohnehin schon die Befürchtung hatten, den U2-Fans auf den Geist zu gehen, wollen sie das nun auch gründlich machen. »Da waren wir halt nur das Vorprogramm«, meint Campino bescheiden. »Es gab kein Licht für uns, und wir durften nur einen kleinen Teil der Bühne benutzen« (Musik Express, 1.8.93). Jeder Schritt auf dem Catwalk wird als pure Provokation empfunden. Campino versucht natürlich schon am ersten Abend in Frankfurt, auf dem Laufsteg ins Publikum zu gehen. Ein Stage-Manager von U2 zerrt an seinem Mikrokabel, um ihn zurückzuhalten, woraufhin Campino dem Kabelzerrer in alter Punkmanier ins Gesicht spuckt. Der Streit wird schnell beigelegt, ein paar Tage später beim Soundcheck teilen sich beide einträchtig ein Bier. Nach ein paar Tagen ist die U2/Hosen-Show schließlich beendet.

Im September 1993 erscheint das neue Album »Reich & Sexy«. »Sie machen uns reich, wir machen Sie sexy«, versprechen die Hosen den Käufern. Auf dem Album sind die »20 größten Erfolge« der Band versammelt. Die folgende Tournee sehen mehr als 220.000 Fans in 24 Konzerten. Danach haben die Hosen erstmals in ihrer Geschichte drei LPs in den Charts: »Kauf mich«, »Reich & Sexy« und »Love, Peace & Money«, die zweite rein englischsprachige LP nach »Learning English«. Campino sagt: »Ich bin mir jeden Abend bewußt, daß das, was wir gerade erleben, eine verdammte Ausnahmesituation ist« (ME, 1.8.93). 1994 singen die Hosen vor 3.000 Zuschauern in Buenos Aires. Im Musik-Express erzählen Andi und Campino von diesem etwas chaotischen Trip.

Eigentlich können sie es selbst kaum fassen, daß sie aus heiterem Himmel gefragt werden, ob sie nicht Lust hätten, eine zweiwöchige Tour durch Südamerika zu absolvieren. Die große Mark sei nicht zu machen, heißt es, aber unvergeßliche Erlebnisse und eine »Bombenstimmung« reichen den Hosen als Garantie für eine erfolgreiche Tour. Im Flieger überkommt sie dann ein flaues Gefühl, und die Frage drängt sich auf: Wer zum Teufel braucht auf der anderen Seite der Welt eine Punkband aus Düsseldorf? (Der Gedanke beschäftigte sie wohl auch hierzulande, man habe sich aber daran gewöhnt, daß es Leute gibt, die einen ertragen.) Nach 18 Stunden Flug werden sie von einem Zöllner empfangen, der Autogramme will, statt einer Gepäckkontrolle.

Zur Pressekonferenz am nächsten Tag erscheinen mächtig viele Journalisten aller großer Boulevardzeitungen des Landes. Danach sind die Toten Hosen in Argentiniens Hauptstadt bekannt wie bunte Hunde. »Überall wurden wir angequatscht, wir seien doch die deutsche Band, die jetzt dauernd im Radio zu hören sei. Hört sich echt bescheuert an, ich weiß. Gott sei Dank hatten wir eine Videokamera dabei«, sagt Andi (Musik-Express, 1.12.92). Das Land sei allein wegen des Musikgeschmacks der Argentinier unglaublich sympathisch. »In jeder Kneipe dröhnen einem die Ramones entgegen. Netterweise hatte Joey Ramone (einer der auf ›Learning English‹ geehrten Punkhelden) in diversen Interviews auf die abgedrehte Band aus Germany verwiesen, was uns einen gewissen Vorteil verschaffte« (ME, 1.12.92). Am Abend ist die Enttäuschung zunächst groß, weil sich nur eine Handvoll Leute in den Club verirren, in dem die Toten Hosen auftreten sollen. Doch als die fünf die Bühne betreten, füllt sich der Saal schlagartig. Campino: »Könnt Ihr euch vorstellen, was für ein Gefühl es ist, in Argentinien ›Hier kommt Alex‹ zu singen, und der ganze Saal grölt mit?« (Musik Express, 1.12.92).

Im Nachbarland Brasilien sollen weitere Konzerte folgen. »Ein zwiespältiges Vergnügen«, so Campino, »in einem Land, in dem zwei Drittel der Menschen unter der Armutsgrenze leben. Dort ist Rock 'n' Roll eher eine musikalische Randerscheinung« (ME, 1.12.92). Es liegt auf der Hand, daß die Probleme eines solchen Landes nicht vor der Eingangstür der Konzerthalle stehen bleiben, nur weil die Hosen spielen. »Wirklich jeder in Rio hat eine Knarre«, erzählt Andi, »auf unseren Gigs tauchten Skinheads auf, die davon auch Gebrauch machten« (ME, 1.12.92). Die schönste Überraschung für die Hosen: Posträuber Ronald Biggs, der ebenfalls am »Learning-English-Album« mitgewirkt hatte, taucht mit »Most wanted«-Käppi und Spazierstock auf. Der 63jährige Gangster-Punk tobt als Gastsänger über die Bühne und hat den Text, den er eigens für die Hosen geschrieben hatte, vergessen. Allein für die anschließende Party beim legendärsten Gentleman-Räuber aller Zeiten hat sich die Reise gelohnt.

8

HOMMAGE AN ALTE HELDEN

VON POSTRÄUBERN UND ANDEREN IDOLEN

Die alten Helden sind das Heiligtum der Punkbewegung, und den Hosen bedeuten sie nicht nur deshalb viel, weil sie ihren eigenen Lebensweg mitbestimmt haben. Die meisten dieser Vorbilder haben es kommerziell nicht so weit gebracht wie die Hosen selbst, die in irgendeinem Interview ihren Erfolg als unbeabsichtigt bezeichnet haben. Nick Cash und Co. sind eigentlich arme Schweine und echte Punks, deren fünfköpfige Düsseldorfer Fangemeinde sich seit Jahren erfolgreich bemüht, den Punk bis ins nächste Jahrhundert zu retten.

War es früher ihr einziges Bestreben, das Spritgeld für den Bandbus einzuspielen, so können die Hosen sich im Jahre 1991 endlich einen alten Traum erfüllen: Für das Album »Learning English – Lesson one« holen die Toten Hosen 16 alte Punk-Heroen ins Studie bzw. besuchen sie irgendwo auf der Welt. Alte Idole, für die sie selbst einst Boxen schleppten.

»Man kann eigentlich nicht sagen, daß es eine Vorbereitung für diese Platte gab«, erzählt Campino. »Wir sind ganz locker nach London gefahren, und dann ist die Idee erst richtig gereift« (Berliner Zeitung, 19.11.91).

Wahrscheinlich war auch ein bißchen Nostalgie im Spiel,

als man in London über die Kings Road spazierte und alter Tage gedachte.

Auf der Gästeliste stehen alle schrägen Vögel der ersten Stunde, die neben den Sex Pistols das englische Volk verunsichert haben: Joey Ramone von den Ramones schlägt seine Gitarre zum »Blitzkrieg Bob«, Nick Cash von 999 singt noch einmal »Nasty, Nasty«, Gene October von Chelsea pocht wieder auf sein »Right to work«. Captain Sensible von The Damned, Knox von The Vibrators, TV Smith von The Adverts, The Flys, Eddie & The Hot Rods, The Radio Stars, Charlie Harper von den UK Subs, Sham 69, Wreckless Eric, Dick Manitoba von den Dictators – alle sind dabei. Nicht zu vergessen der englische Posträuber Ronald Biggs, der die Post 1963 um schlappe zwei Millionen Pfund erleichterte und später dann als Sid-Vicious-Ersatz bei den Sex Pistols eingesprungen war. Nach seinem Auftritt im »Großen Rock 'n' Roll-Schwindel« mußten die Grenzen des schlechten Geschmacks neu definiert werden, schreiben die Hosen im Beiheft. Sein »Carnival in Rio« nehmen sie in seinem brasilianischen Exil auf. Biggs hält zu seinem Geburtstag palettenweise Bier für die Düsseldorfer bereit und gibt ihnen zum Abschied mit auf dem Weg: »Tell the kids, I'm still the king of Punk.« Seine Geburtstagsparty wird zum einschneidenden Erlebnis für die Hosen – »Die ganze Unterwelt von Rio war versammelt. Mindestens 8000 Jahre Knast saßen da und haben gebechert bis zum Abwinken« (ME, 1.12.92). Biggs macht immer noch alles, um sich über Wasser zu halten, solange es nicht langweilig wird. Mal macht er Werbung für Herrenunterwäsche, mal versucht er, Alarmanlagen zu verkaufen, nach dem Motto: Vertrauen Sie Ihr Geld einem Posträuber an. Er ist sich für nichts zu schade, solange es ihm erspart bleibt, auf bürgerliche Art und Weise Geld zu verdienen.

Schließlich spielen sie mit Johnny Thunders von den »Heartbreakers« ein letztes Mal »Born to loose« ein. Nur drei Tage nach den Aufnahmen bewahrheitet sich sein Bekenntnis: er verliert gegen den klassischen Rock 'n' Roll-Tod. Bei den Aufnahmen hatte jeder Musiker eine Textzeile des Kulthits »Born to loose« gesungen – als Hommage an Thunders. Längst war Thunders zum ausgemergelten Junkie geworden und hatte schon während der Aufnahmen große Mühe, sich bis zum Schluß zu konzentrieren. Trotz allem ein würdiges Vermächtnis, das die Hosen auf »Learning English – Lesson one« festgehalten haben.

Nach eigener Aussage ist das Album ein Anfängerkurs für Urlauber, Geschäftsleute, Rock 'n' Roll-Fans und Perverse. Trotz des traurigen Endes von Johnny Thunders ist es nicht zum trübsinnigen Punk-Requiem verkommen. Es fetzt wie in alten Zeiten.

Entstanden ist in der Tat ein kleines, rockgeschichtliches Wunderwerk. Für alle, die 1977 noch in den Windeln lagen, eine hochkarätige Geschichtsstunde der anderen Art und für diejenigen, die gerade 17 waren, als der Punk übers Land hereinbrach, eine gigantische Erinnerung. Die englischsprachige Produktion ist wirklich ein Ohrenschmaus mit lange verschütteten Hits aus vergangenen Zeiten, präsentiert von den Punkikonen selbst. »Brickfield Nights«, »Baby, Baby«, »Gary Gilmores eyes«, »Do you remember« etc. Der Posträuber singt einprägsame Sätze wie: »We never took shit from no one, we just didn't give a fuck«. Eine gute Englisch-Lektion eben.

Nach dem Theater-Soundtrack mit der Horror-Show, dem Mini-Musical mit Gerhard Polt »Auf dem Kreuzzug ins Glück«, ist den Hosen schon wieder ein reichlich abgedrehtes Projekt gelungen. Zwischen den Songs gibt es tatsächlich einen Sprachkurs für »Rock 'n' Roll-Fans and Perverts«, in

dem Geoff Haslan (Ex-Velvet-Manager) und Campinos englische Mutter Jenny dem Hörer wichtige Tips mit auf den Weg geben. »And now listen to this record, till you're sick of it.« Campinos Mutter soll das großen Spaß gemacht haben, obwohl sie angeblich Rock 'n' Roll nicht ausstehen kann. Um diese Pläne, die den Hosen selbst zunächst völlig unrealistisch erschienen, dann tatsächlich zu verwirklichen, sind sie um die halbe Welt gereist und haben weder Kosten noch Mühen gescheut.

Schon früher zog Campino als Tourmanager für Chelsea los, später finanzieren die Hosen LPs der längst verschollenen Lurkers und der Boys, die beide zu den Punkformationen der wilden Anfänge gehörten. Dafür haben deren Frontmänner schon viel auf Hosen-LPs oder auf Konzerttourneen mitgewirkt. Campino hat das allerdings nie an die »große Glocke gehängt«, weil es ihm nur darum ging, backstage mit diesen Leuten abzuhängen, alte Geschichten von ihnen zu hören und Spaß zu haben.

Der gute Draht zu den Lurkers und den Boys bringt den Stein ins Rollen. Auch Chelsea und die UK Subs waren sofort Feuer und Flamme für das Punk-Revival, TV Smith von den Adverts läuft ihnen eher zufällig in einer Londoner Kneipe über den Weg. Arturo von den Lurkers kramt in seinen alten Adreßbüchern und ruft alle Freunde und Freundesfreunde zusammen, an die er sich zum Teil nur noch »schwach erinnern kann«. Plötzlich taucht ein Alt-Punk nach dem anderen im Londoner Church Studio auf. »Das wurde zum Selbstläufer, wie durch ein Wunder hat alles geklappt«, sagt Campino. »Ohne diese Leute hätte es uns nie gegeben. Die LP haben wir in erster Linie für uns selbst gemacht. Deshalb ist es mir egal, ob das ein Hit oder ein Flop wird. Es sind meine Helden auf dieser LP« (Musik Express, 1.11.91).

Obwohl die gefallenen Helden der ersten Stunde des Punk rein wirtschaftlich gesehen kleine Fische gegen Die Toten Hosen sind, waren Campino und seine Band schrecklich nervös vor jeder Begegnung, wie kleine Jungs, die zum ersten Mal Ferrari fahren dürfen. »Aber das hatte sich zum Glück wieder schnell gelegt. Abends beim Essen hockten wir dann immer um sie herum: Erzähl doch mal, wie war das damals? Die konnten oft gar nicht nachvollziehen, daß sich jemand für ihre alten Sachen so begeistert« (Musik Express, 1.11.91).

Das Church Studio in London ist für 12 Tage gebucht. Und jeden Tag steht ein neuer, alter Meister vor der Tür. Die Arbeit verläuft, punkuntypisch, ohne exzessive Alk-Abstürze. »Wir wollten alle in Top-Form sein. Es wäre eine vertane Chance gewesen, den Leuten verkatert gegenüberzustehen« (Musik Express, 1.11.91).

Doch der eine oder andere kommt zwischendurch auf bizarre Ideen, wie z. B. Captain Sensible, der das Studio unbedingt mit Feuerlöschern einweihen möchte. Sie haben die Power von damals nicht verloren. Einige schlagen sich heute mit Gelegenheitsjobs durch oder halten sich mit unregelmäßigen Revival-Gigs über Wasser. Matt Dangerfield von den Boys macht Radioprogramme, die er nach Norwegen verkauft. Arturo Bassik von den Lurkers bietet mit seinem alten Bandbus Umzüge innerhalb Londons für nur 20 Pfund an. Nick Cash von 999 arbeitet inzwischen als Friedhofsgärtner …

Keiner von denen sei ein grauer, langweiliger Rentner geworden, keiner von ihnen hat die Erwartungen der Hosen enttäuscht. »Sobald sie vorm Mikro standen, waren sie wieder Feuer und Flamme, so, als ob gerade mal drei Monate seitdem vergangen wären«, erinnert sich Campi. »Ihnen ging es nie darum, sich mit der Musik einen dicken Arsch zu verdienen und ein Super-Star-Leben zu führen. Diese Musik wurde von Verrückten für Verrückte gemacht. Und alle, die zu uns ins Studio gekommen sind und mit uns Aufnahmen gemacht haben, hatten immer noch irgendeine Schraube locker«, freut er sich (Musik Express, 1.11.91). Als äußerst erschütternd haben die Hosen lediglich diejenigen empfunden, die den Karriereknick nicht ohne sozialen Absturz überstanden haben. Graeme Douglas von Eddie & The Hot Rod, der körperlich am Ende war, oder etwa Johnny Thunders, der schon schwer von seiner Drogensucht gezeichnet war. »Johnny war schon lange ein körperliches Wrack. Auch wenn das irgendwie zum Rock 'n' Roll gehört – jemanden nur dafür anzuhimmeln, weil er fertig ist, das wäre bescheuert. Er hatte Probleme, im Studio mitzuhalten. Aber er wußte es, und es hat ihm trotzdem Spaß gemacht. Als er ankam, wollte er die Gitarre unbedingt im Badezimmer aufnehmen. Das war das erste Mal, daß sich die Nachbarn beschwert haben« (Musik Express, 1.11.91).

Der New Yorker Alt-Punk Joey Ramone von den Ramones steht erst nach der Thunders Session auf dem Plan. Da er weder nach Köln noch nach London kommen kann, mietet er kurzerhand ein Studio in New York und bittet Cheetah Chrome und Dick Manitoba von den Dictators dazu.

Ganz zum Schluß steht noch die Aufnahme in Brasilien an. Biggs, der Posträuber, steht zur großen Belustigung der Hosen im Telefonbuch von Rio. Den Vertrag will er erst mit seinem Anwalt abchecken, denn die Sex Pistols hatten ihn seinerzeit leer ausgehen lassen. Doch dann hat er die Hosen gesehen: »Ich verzichte auf den Papierkram«, sagt er. »Können diese Augen lügen?« (ME, 1.1191). Apropos Sex Pistols – auch Johnny Rotten hätten die Hosen gerne mit dabei gehabt. Aber er war nicht festzunageln und – zur großen Verwunderung aller Beteiligten – am Telefon einfach viel zu nett.

Außerdem resümiert Campino, hätte man fast ausschließlich Typen auf der Platte, die es damals nicht geschafft haben. »Und wenn sich einer unserer Fans jetzt im Plattenladen nach 999 erkundigt oder eine Ramones-Platte kauft, dann hätten wir doch was bewegt«, sagt der Hosen-Frontmann. »Wenn die Platte Scheiße geworden wäre, hätten wir sie eingestampft und niemandem was davon gesagt« (ME, 1.11.91).

Aber es ist anders gekommen. Auch wenn man von der »Englischstunde« von Anfang an keine großen Gewinne erwartet – allein weil die Produktionskosten immens hoch angesetzt sind –, werden die Hosen und ihre Helden in mehreren europäischen Hitparaden mit dem Sammelsurium ihrer Punkklassiker verzeichnet und gehen danach in den jeweiligen Ländern, Skandinavien, Frankreich und England, auch auf Tour. Freundschaften haben sich unter den Punk-Veteranen wieder aufgefrischt, einige sind sogar neu geknüpft worden. Im anschließenden Herbst gehen die Hosen auf eine USA-Tournee – mit niemand Geringerem als den Ramones. Einige der englischen Punkhelden begleiten die Düsseldorfer im Anschluß daran durch Europa. Learning English ist in jedem Fall nicht nur eine authentische Bloßlegung der Wurzeln des Punk, sondern auch für die Hosen eine rein idealistische Produktion. Schließlich hätte man es sich leichter machen können, indem man die Cover-Versionen eingespielt hätte, ohne nach den Musikern zu suchen. Unermüdliche Kritiker behaupten natürlich auch diesmal, die Aktion sei lediglich auf Campinos ausgeprägten Geschäftssinn zurückzuführen.

Es ist erst ein paar Jahre her, daß Campino gesungen hat: »Solange Johnny Thunders lebt, bleibe ich ein Punk.«

Doch da haben höhere Mächte einen Strich durch seine Rechnung gemacht. Was ihn nicht daran hinderte, die Sache noch einmal in seinem Sinne zu ergänzen: »Mit Thunders hatte ich nicht nur die Person, sondern den Spirit gemeint. Er stand für eine Reihe von Jungs« (Musik Express, 1.11.91). Er hat nicht nur recht – sondern auch ein bißchen Glück. Campino ist Punk geblieben, und der Geist von Johnny liegt noch immer in der Luft. Besonders deutlich war das an jenem Hochsommertag im August 1992 zu spüren, als die Toten Hosen und einige ihrer Ehrengäste auf Deutschlands größter Freilichtbühne auf der Loreley spielten. Passagiere auf den vorbeituckernden Rheindampfern, Bewohner aus dem Umland und wahrscheinlich sogar die Fahrgäste vorbeirauschender Züge fragen sich noch heute, ob es am Felsen, wo sich die schöne Loreley einst das lange goldene Haar kämmte, um die Fischer zu becircen, mit rechten Dingen zuging. Denn sie haben, ohne es zu wissen, Wreckless Eric, 999, die Vibrators, Die Toten Hosen und die UK Subs »Born to loose« singen hören. Es war verdammt laut!

9

PUNK IST TOT, ES LEBE DER PUNK

REVIVAL EINES SCHRILLEN RITUALS

Wenn sich heute ein paar tausend Jugendliche in Hannover zu den »Chaos-Tagen« verabreden, um dort zu randalieren, dann spricht man in den Medien vom Jahrestreffen der deutschen Punkszene. Gibt es die überhaupt noch, oder sind Punks längst zu gesichtslosen Säufern und Schlägern verkommen? Campino fand das Treffen sehr humorvoll: »Eine gute Idee, sich auf ein Bier zu treffen und ein bißchen Spaß zu haben. Es ist eher das Problem der Polizei, wenn sie solche Dinge zu ernst nimmt« (Playboy 3/96).

Gut 15 Jahre ist es her, da war Punk eine Jugendbewegung, deren ideologische Inhalte allerdings nie ganz deutlich festgelegt waren. Für die meisten war es »No future« und »Born to loose«, doch viele, die Punk miterlebt haben, beschwören, Punk sei positive Energie gewesen, genau das zu tun, worauf man Lust hatte, das gegenteilige Motto also, »Do it!«.

Trotzdem beklagen sich zahllose Punk-Nostalgiker, das Jahrestreffen, die Party von einst, sei zur ziellosen Randale verkommen, an der neben Punks auch Autonome und sogar Skinheads teilnehmen. Mit dem Lebensgefühl der Punk-Bewegung, die Mitte der 70er Jahre in England aufkam, haben die Chaos-Tage nur noch eines gemeinsam: Protest gegen die Perspektivlosigkeit einer Wohlstandsgesellschaft, Rebellion und Auflehnung gegen alles, was etabliert ist.

Kurz vor Weihnachten im Jahre 1982, also im Gründungsjahr der Toten Hosen, feierten 800 Punks zum allerersten Mal den »Untergang Hannovers«. In diesem Jahr hieß es erstmals: Punk ist tot.

Daraus entwickelt sich ein sich alljährlich wiederholendes Ritual. Mitte der 80er sperrt die Polizei die randalierenden Punker eine Nacht lang in einem Jugendzentrum ein. Die Idee ist von nun an nicht mehr aufzuhalten, und die Punks feiern auch in anderen Städten ihre eigenen Chaos-Tage, ohne daß die Medien davon Notiz nehmen. In Hannover macht die Szene erst im Sommer 1994 wieder von sich reden, als alte Punk-Aktivisten der einstigen »Anarchistischen Pogo Partei Deutschlands« Gleichgesinnte zur größten Punkfete der letzten 10 Jahre einladen. Der Sachschaden nach dieser Veranstaltung ist beträchtlich, die Polizei nimmt über 600 Punks in Gewahrsam, viele bereits direkt bei der Anreise am Hauptbahnhof. Begründung: Es soll ein Flugblatt mit dem Aufruf »Hannover in Schutt und Asche zu legen« existiert haben. Hannoveraner Punks wollen nichts davon gewußt haben ...

Die Punks der 90er sind nicht mehr das, was sie in den 70ern waren. Darüber sind sich alle Punks einig, die damals, in der Blütezeit des Punk, selbst Punk waren oder die Anfänge selbst miterlebten.

Was die ursprünglichen Punks genau bewegte, welche politischen Ziele sie genau verfolgen, das sei dahingestellt. Punk war nie eine politische Bewegung. Es gibt mehr als nur eine Philosophie über das damalige Lebensgefühl Punk. Aber eines wissen die schwärmenden Nostalgiker: Punk hat ihr Leben verändert.

So auch Ex-Punk und Kolumnist Tony Parsons, 38. Im

Spiegel-Spezial schreibt er über die Gratwanderung dieser Generation zwischen Nihilismus, Idealismus und über das Revival der Sicherheitsnadel.

Punk, den er als extremste und konfuseste Form des Rock 'n' Roll bezeichnet, schuf ein Klima, in welchem linke Organisationen wie die Anti-Nazi-League und Rock against Racism gedeihen konnten. Allein das Wort »Gedeihen« besagt ja, daß Punk immerhin Grundlagen für verschiedene, idealistische Bewegungen geschaffen hat, wenn er schon selbst keine war.

Es soll aber auch Punks gegeben haben, schreibt Parsons bedauernd, die sich Hakenkreuzbinden um den Arm gewickelt haben. Punks wollten die Welt verbessern, verändern und andererseits schockieren. Punk war eine Revolte der Widersprüche.

Der Autor erinnert sich, daß sie alle möglichen Symbole an ihren zerrissenen T-Shirts und zerfetzten Hosen trugen. Von Anarchie-Emblemen bis hin zu Hakenkreuzen oder Karl-Marx-Bildchen. Eine merkwürdig konfuse, in ihrer Grundidee aber dennoch politisch linke Revolte. Diese Symbolik sei aber nicht einmal ein Protest gegen verschiedene Unterdrückungsmechanismen gewesen, sondern einfach ein Schlag ins Gesicht der Gesellschaft. Laut und rebellisch. Punks wollten vieles, jeder hatte seine ganz eigene Idee davon. Sie wollten die britischen Neonazi-Parteien fertigmachen, sie wollten, daß die US-Streitkräfte aus England abzogen und ihre Atomwaffen gleich mitnahmen. Und sie wollten die englische Monarchie abschaffen. Aber vor allem wollten sie provozieren. Zwar mit politischem Gehalt, aber im Grunde nicht als fundierte, politische Bewegung. Punk war Rock als Aktionstheater, schreibt Parsons. Die Skandale der legendären Sex Pistols, die die englische Gesellschaft von einer Ohnmacht in die andere trieben, haben vor allem gezeigt, daß alles möglich ist.

Sogar ein Rockstar konnte man werden, ohne die leiseste Ahnung von auch nur einem Gitarrenakkord zu haben.

Punks waren schon damals in zwei Fraktionen gespalten. Die einen, die Krawall um jeden Preis wollten, und die anderen, die genug von den ewigen Provokationen hatten. Daran sei der wahre Punk irgendwann gescheitert, so Parsons, an der Entscheidung, ob sie nun Stadtguerilleros sein wollten oder amoralische Nihilisten. Wenn man bedenkt, wie viele sogenannte Punk-Puristen die »traurigen Überbleibsel« einer ganzen Bewegung beklagen, muß man sich doch wundern. Denn was ist schon eine Bewegung ohne ein gemeinsames Ziel?

Punk war eine Revolution gegen die Welt des großen Geldes, sagt Parsons. Sie spielte sich vor allem auf der Straße ab und predigte das Ideal der Freiheit. Die Freiheit, sich zu sagen, du kannst es tun oder du kannst es auch lassen. Eine Band gründen, ein Fanzine herausbringen, deine Träume verwirklichen, vor allem in der Musik. Das sei, mehr noch als der Kampf für die Sache der Linken, der Triumph des Punk gewesen. Niemand habe es bisher geschafft, die Grenzen zwischen Publikum und Künstler so zu verwischen wie die Punkmusik. Exzessiv und radikal.

Die gesamte Independent-Szene könne man daher als Nachkomme der Punkmusik bezeichnen, die Rave-Kultur mit ihren Ecstasy-Exzessen und Zusammenstößen mit der Polizei, Grungerock wie Nirvana, Pearl Jam und die gesamte Seattle-Szene. Selbst die LP von Guns 'n' Roses, »The Spaghetti Incident«, sei eine Zusammenstellung von Coverversionen der Songs alter Punks wie The Damned, Iggy Pop, den UK-Subs und Elastica. Das »Do-it-yourself-Credo«, das Aufbegehren im Namen der Freiheit, das war Punk damals.

Und das ist Punk heute. Mit dem Unterschied, daß sich die verschiedenen Ziele der heutigen Punks, oder derer, die man dafür hält, genauso verändert haben wie das heutige Gesellschaftsbild. Und wer als Punk wirklich schockieren will, in einer Zeit, wo fast alles erlaubt ist, muß verdammt viel Phantasie haben. Wen kümmern heute noch grüngefärbte Irokesen mit Ratten auf der Schulter und »No future«-Button? Mehr belächelt als gefürchtet, gehören skurrile Gestalten à la Westwood heute auf jede Vernissage, nichts ist mehr von gestern als Uniformität in einer Gesellschaft, die etwas auf sich hält.

Musikalisch ist Punk seit Jahren wieder da, ja, eigentlich war Punk nie ganz verschwunden. Junge britische Bands wie Suede und Blur werden am laufenden Band in Londoner Clubs gegründet. Bands eben, für die die Sex Pistols der kulturelle Höhepunkt der westlichen Welt sind, die ziemlich ekelhaft sein müssen, um ihren legendären Vorbildern das Wasser reichen zu können. Punks besitzen eine Modernität, so Ex-Punk Parsons, mit der die alten Meister des Rock 'n' Roll nicht mithalten können. Und es gibt immer noch genug Menschen, die darin mehr sehen als einen modischen oder musikalischen Einfluß. Nämlich eine Lebensweise, ein Credo.

Immerhin unterscheide die heutigen Punks von den damaligen, daß sie nichts riskieren. Im Queens Jubilee Year, dem Jahr des 25jährigen Thron-Jubiläums der britischen Königin, bedeutete ein Punk zu sein, sich selbst zu brandmarken, sich zum Aussätzigen der Gesellschaft zu machen. Punks waren entschieden antimonarchistisch und liefen deshalb ständig Gefahr, mit der Polizei oder irgendwelchen Betrunkenen auf der Straße Ärger zu bekommen. Doch nicht

nur die Chaos-Tage in Hannover haben bewiesen, daß es auch heute nicht Sache eines Punks ist, vor der Polizei davonzulaufen. 1977 bedeutete »Punksein«, die Grenzen der Freiheit auszuloten. 1996 ist die königliche Familie den meisten Punks ganz egal. Punk war eine Reaktion auf den Grauschleier, der über den 70ern hing, einer Zeit der Arbeiterunruhen, der Rassenkonflikte, des ökonomischen Niedergangs. Gegen all das kämpfte Punk an – gegen Langeweile genauso wie gegen Neonazis, gegen Arbeitslosigkeit, gegen Mangel an neuen, guten Bands. Die Musik der Punks war voll leerer Sprüche, doch das wenigstens mit einer echten Wut im Bauch. Punk brachte Tausende dazu, sich die Haare abzuschneiden und die Schlaghosen enger zu nähen. Er überzeugte die Jugendlichen, daß jeder Musiker, Designer, Fotograf oder Schriftsteller werden konnte, mit der Power und der Macht, die der Punk ausstrahlt. Was Punk dagegen im Kampf gegen den Faschismus bewegt hat, ist nebensächlich. Immerhin hat er Tausenden von jungen Menschen neue Perspektiven und Möglichkeiten aufgezeigt. Er hat viele Leben verändert.

Punk war die erste nicht-sexistische Bewegung des Rock. Zum ersten Mal wagen sich auch Mädchen auf die Bühne. Denn das Herz des Punk schlug von jeher für die Schwachen, die Entrechteten, die gesellschaftlich Benachteiligten. Und er war stets dazu bereit, für sie zu kämpfen, koste es, was es wolle.

Heute wollen die Punks keine Nazis mehr verprügeln, bedauert Ex-Punk Parsons. Sie haben zuviel damit zu tun, sich die Haare zu stylen. Zwar wollen die 90er Punks immer noch schockieren, aber die echte Power, die Wut, der Kampfgeist, der von Herzen kommt, gehe ihnen ab. Kampf sei zur Resignation geworden, findet der schreibende Ex-Punk. Und damit habe Punk den Religionsstatus längst verloren und existiere nur noch als schriller Abklatsch, der heute als Modetrend oder bestimmte Musikrichtung eine Berechtigung hat.

Was sind also die Punks von heute? Was früher ein Schlag ins Gesicht der Gesellschaft war, ist heute nur noch ein müder Protest gegen Konventionen. Modepunk findet auf den Laufstegen von Mailand, Paris und New York statt und wird ausgerechnet in der »Vogue« als Modetrend gefeiert. Ob bei Gianni Versace, Yohji Yamamoto, Thierry Mugler oder Vivienne Westwood, die, nachdem Sid Vicious seine Freundin im Rausch erstochen hatte, ein T-Shirt mit der Aufschrift »Sie ist tot, ich bin hier, ich bin dein« entwarf. Doch allein damit überschreitet er wenigstens traditionsgemäß die Grenzen des guten Geschmacks und des Anstandes, der noch nie eine Sache des Punk war. Man kann diese Leute, die das tun, nennen, wie man will – aber was sind sie denn, wenn nicht Punks? Und damit lebt er auch weiter.

Man kann es bedauern, wenn Vivienne Westwoods

Sprößling Joe sich als reiches Söhnchen auf den Punk beruft. Aber wäre es nicht sinnvoller, sich über solche Menschen als Hüter einer weitgehend verlorenen Ideologie zu freuen, anstatt sie als Pseudo-Neo-Punks zu verreißen? Joe Westwood besitzt ein Plattenlabel namens »Agent Provocateur«, eine seiner Bands heißt »The Walking Abortions«, die »Musiker« sind zwischen 9 und 13 Jahre alt. Genug Geschmacklosigkeit, um der Welt einen angeekelten Aufschrei abzuringen. Und genug, um damit, ganz im Sinne von Sid Vicious, aus »Scheiße« Geld zu machen.

Es gibt heute sogar Punks, die abseits vom großen Geld Karriere machen. Zum Beispiel Angela Marquardt, 24, die als jüngstes Mitglied im Bundesvorstand der PDS sitzt.

Von ihrer ganz harten Zeit, als sie mit anderen Punks in Berlin Häuser besetzte, ist ihr die Frisur mit grünem Strich in der Mitte und ein bißchen Rebellion geblieben. Sie sagt, die wichtigste Erfahrung sei für sie gewesen, daß sich in einem besetzten Haus nach einer Zeit die gleichen bürgerlichen Strukturen aufbauten wie sonst auch überall: Hierarchien, Gewaltprobleme und Eigentumsdiskussionen. Am schlimmsten, erinnert sich Angela Marquardt, war der Besuch von PDS-Chef Gregor Gysi. »Diese Leute sagen ja immer, Autorität sei für sie das Schlimmste. Bei Gregor waren sie eine Stunde still. Keiner hat einen Muckser gemacht. Das hat mich schon geärgert« (SZ, 19.8.94). Angela sagt in einem Interview mit der Süddeutschen Zeitung, nirgends seien die Leute utopienloser und resignierter als in der Punk-Szene.

Die meisten »normalen« Punks leben heute in Berlin. Dort gibt es mehr Nischen als anderswo, in denen sich Menschen wenigstens vorübergehend aufhalten können. Viele wohnen, wie einst die junge PDS-Politikerin, in besetzten Häusern, zusammen mit anderen Punks, ein paar

Hunden und ihren Lieblingshaustieren, den Ratten. Ein Punk aus Berlin-Mitte: »Manche von uns haben auch Video und Fernseher. Man muß es sich vorstellen wie eine große WG. Man tauscht und teilt sehr viel. Wer Sozialhilfe bekommt, der stiftet sein Geld gleich für irgendwelche Feten.« Eigentlich sei »Spaß haben« immer noch das wichtigste Motto der Punks.

Tagsüber schnorrt oder bettelt man vor irgendwelchen Geschäften oder am Bahnhof. Aber auch das läuft nicht mehr so gut wie früher, erzählen die Berliner Punks, heute wolle jeder nur das Beste für sich rausholen, ohne Power, ohne Idealismus, wie jeder in der Ellenbogen-Gesellschaft.

Gemeinsame Ziele haben Punks von heute nicht, im Grunde sei jeder Punk total anders, die meisten wollen einfach nur ihre Ruhe. Friedlich seien sie jedoch alle, zumindest im Vergleich zu den Skinheads oder zu den früheren Punks. »Ein bißchen verrückte Klamotten, krasse Frisuren, null Anpassung. Und politisch eher links. Das ist das einzige, was uns verbindet«, sagt Bigo, 27, der seit vier Monaten Mitglied einer Berliner Punk-WG ist. Bigo kommt aus einem Kaff am Bodensee und hat die Schnauze vom »bürgerlichen Leben« voll, nachdem er von seinem Meister in einem Malereibetrieb an die Luft gesetzt wurde. Einen Job als Punk kannst du dir abschminken. Gerade in so einem winzigen Kaff, wo jeder jeden kennt«, sagt Bigo. Punk ist er schon seit vier, fünf Jahren. »Da waren ich und zwei andere Kumpels die einzigen Punks in der Umgebung. Das paßte nicht. Als Punk brauchst du Stadtluft. Eine multikulturelle Gemeinschaft.« Jetzt lebt er hier, in Berlin-Mitte. Ab und zu gibt es eine Razzia in ihrem Haus, das stört Bigo aber nicht. Er nimmt keine Drogen, außer Bier. Die »Bullen« filzen dann alles ganz genau, einer hat sogar mal eine Ratte kaputtgetreten, erzählt er. Manche müssen dann mit aufs Revier und werden in die »Wanne« gesteckt. »Aber das mit den Razzien ist normal«, sagt Bigo. Seit er hier lebt, hätte es bestimmt vier Drogentote gegeben. Typische »Punk-Drogen« gibt es nicht. Die einen trinken nur Bier, die anderen sind Junkies oder stehen auf Korn mit Tabletten. Hauptsache, es knallt. Doch irgendwas nehmen sie alle, »um die Scheiße um einen herum mal zu vergessen«.

Triftige Gründe, heute noch Punk zu werden, gibt es nicht mehr, denn schockieren können die schrägen Gestalten mit Springerstiefeln und Reißzwecken im Ohr kaum noch jemanden. Nur das Punkermotto »No future« hat sich bei vielen erst jetzt, nach 20 Jahren Punk, richtig bewahrheitet. Es steht für den totalen sozialen Abstieg, das Leben auf der Straße, ohne Job, ohne Kohle, ohne richtige Unterkunft und vor allem – ohne Hoffnung. Felix, 18, ein Freund von Bigo, erzählt, daß er vorher Nazi-Skin gewesen sei. Ein paar Monate lang. »Das war damals nach dem Mauerfall eine große Sache. Doch dann war mir klar, daß die nur Schrott in der Birne haben. Und dann bin ich in die Punk-Szene gegangen.«

In Hannover war er dieses Jahr nicht dabei. »Die Bullen haben mich schon mal voll aufgemischt.« Er ist eigentlich nur »ausgestiegen« aus der Gesellschaft, um seinen »Alten eins reinzuwürgen«. Um sich die Haare zu färben und herumzulaufen, wie er will. Felix ist gegen den Staat, gegen die Schule und eigentlich gegen alles. Er will »die totale Anarchie«, wie er sagt. Vorstellen kann er sich nicht viel darunter, außer »daß es keine Bullen mehr gibt und keine Gesetze«. Aber daß er deshalb keine Zukunft haben soll, das sieht er ganz anders. In irgendeiner Szene wird er schon ein Zuhause finden. »Wir Punks wollen denen draußen auch zeigen, daß die einen halt akzeptieren müssen, so wie man ist. Auch wenn man aus dem Maul nach Bier stinkt oder einen grünen Kamm auf dem Kopf hat. Daß sie einem keinen Job geben, weil man so aussieht, das ist eben Pech für sie. Und mir ist es scheißegal. Ich tu, was ich will«, sagt Bigo. Mit letzterem hat er doch einen Großteil der alten Punkgesinnung übernommen.

Bigo findet Campino von den »Toten Hosen« »ganz okay«. »Der macht halt, was er will, das find' ich cool. Aber damals, mit 19, bin ich voll auf ihn abgefahren. Er war, glaube ich, mit ein Grund, warum ich Punk geworden bin. Außerdem steht er auch auf Fußball, wie ich. Klar er hat Kohle und tritt im Fernsehen auf. Viele aus der Szene hassen ihn dafür. Deshalb ist er eigentlich kein echter Punk«. Aber wer ist schon ein echter Punk?

Beinahe 20 Jahre ist es her, daß Campino sich mit dem Slogan »Born to loose« identifiziert hat. Punk, so sagt er, war eine Musik für Außenseiter, für Verlierer. So fühlte er sich damals (Amica 3/96).

»Aber das Entscheidende war es, sein eigenes Ding zu machen. Darin bestand das Abenteuer. Wir gründeten unsere Band, nannten sie ZK. Bei den Konzerten haben wir uns ausgetobt und sind am nächsten Morgen direkt zurück in die Schule. Dort haben wir eben abgeschnarcht. Du warst Held für eine Nacht. Punk war wild, Punk war bunt, Punk war eine Explosion. Er konnte nur aus England kommen. Dort waren die Vorstellungen von Ordnung noch viel härter als hier, die Arbeitslosenzahlen noch viel höher.

Punk war auch eine Sache der Künstler. Malcolm Mac Laren, der Mann, der die Sex Pistols kreierte, war Kunststudent. Vivienne Westwood ist Modedesignerin.

Genauso bei uns in Düsseldorf. Die Leute, die sich im Ratinger Hof trafen, waren nur Künstler und Studenten. Der normale Arbeiter hatte Mitte der 70er keine Zeit, sich um diese englische Bewegung zu kümmern« (Amica 3/96).

Punk also als Sache der Intellektuellen? Es gibt viele Theorien. Zu viele! Aber vielleicht kann man sich darauf einigen: Jeder von ihnen ist, auf seine eigene Art, ein Rebell. Und manche von ihnen haben es auch wirklich geschafft, etwas zu verändern.

10

OPEL, ALTBIER UND FORTUNA

ZWISCHEN PUNK UND BÜRGERTUM

Es ging schon vor ziemlich langer Zeit los mit der großen Leidenschaft für den kleinen, schwarzweißen Ball. Campino und Breiti, beide Schüler des Düsseldorfer Humboldt-Gymnasiums, waren von Anfang an ganz vorne mit dabei. In reinen Jungenklassen spielen üblicherweise über 90% aller Schüler Fußball, allein schon, weil Fußball ein Männersport ist und Volleyball und andere Ballspiele unter die Kategorie Mädchensache fallen. Breiti fällt durch gute Leistungen im Abwehrbereich der Fußballmannschaft schon nach kurzer Zeit positiv auf, Campino hat eher ein Talent zum Klassenclown. Ansonsten haben Breiti und Campino die gleichen Probleme wie die anderen Jungs: Pikkel, Ärger mit Mädchen und einen Haß auf die Schule. Das erste Mal, erzählt ein Klassenkamerad, hat er die beiden bei einem Abschiedskonzert der Band ZK so richtig ausflippen sehen. Campino quälte dabei nicht nur seine Stimmbänder, sondern auch seine Trompete, sagt der Schulfreund. Die Band, so eine von vielen Versionen, hat sich wegen musikalischer Meinungsverschiedenheiten der Mitglieder aufgelöst.

Doch dann, kurz nach der ZK-Auflösung, stellt der Schulfreund mit einem Blick in Campinos Schulheft fest, daß der wohl etwas Neues plant. Im Englischunterricht vertreibt sich Campino die Zeit mit dem Entwurf eines Band-Logos: zwei übereinandergestapelte Hosen, die den Buchstaben H bilden. Kurz darauf erzählt man sich, daß Breiti als Gitarrist einsteigen wolle. Niemandem in der Klasse waren bislang seine musikalischen Fähigkeiten aufgefallen. Gleich beim ersten Konzert der Toten Hosen stellt sich heraus, daß musikalische Qualitäten auch gar nicht gefragt sind. Und daß er nicht Gitarre spielen konnte, hat auch keiner bemerkt.

Jahre später trifft besagter Schulfreund die Band in Berlin. Er befürchtet, der Erfolg könne den Jungs womöglich zu Kopf gestiegen sein – doch er liegt falsch, fast enttäuscht, doch eher erleichtert, ist er über das, was er vorfindet, denn es hat nichts, aber auch gar nichts mit den üblichen Allüren eines Popstars gemein: kein Schampus, kein Jaguar, keine Frauen. Die Toten Hosen stehen lachend mit Bierflaschen in der Hand hinter der Bühne. Und spielen Fußball auf eine Torwand. »Nichts«, so stellt er fest, »hatte sich geändert« (Tip, 21.05.92).

Banal, aber sie mögen AC/DC, einen Samstag nachmittag im Fußballstadion und Pommes rot-weiß, ja: Manchmal lesen sie sogar die Bild-Zeitung! Jeder weiß außerdem, daß sie einen Opel Rekord für das beste deutsche Fahrzeug halten und sich das Altbiertrinken auch beim Frühstück nicht verkneifen können. Es sei denn, sie befinden sich gerade auf einer internen Bandreise in Mailand, wo 1990 die Fußball-WM stattfindet und ein kleines Bier neun Mark kostet. Das finden die Hosen schlicht zum Kotzen und trinken lieber gleich Schnaps.

Die Sache mit der Fortuna-Mark ist inzwischen auch bekannt. Kurz nach der WM haben die Toten Hosen ihrem Lieblingsverein den Betrag von DM 150.000 überwiesen, mit dem die Düsseldorfer sich den Spieler Tony Baffoe kaufen konnten. Seitdem bekommen die Hosen Saisonkarten direkt vom Fortuna-Präsidenten. »Beim FC Bayern wird zuviel Blech geredet, und der ganze Verein ist Scheiße. Allen voran Lothar Matthäus«, sagt Campino (Playboy 3/96).

Im SZ Magazin führt Campino ein längeres Gespräch mit Bundestrainer Berti Vogts, der vorher neben Lothar zu seinen klassischen Feindbildern zählte. Das bringt Campino zum Umdenken. Ein netter Kleinbürger eben, der Helmut Kohl mag und die Bild-Zeitung trotzdem nicht. »Er ist ein etatmäßiger Verlierer, eine arme Socke. Ich habe ihn immer gehaßt – bis zu dem Tag, an dem ich ihn getroffen habe«, so Campino über Berti (Playboy 3/96).

Die Toten Hosen bedauern es, daß es so wenige Vereine wie St. Pauli gibt. Alles paßt immer irgendwie zusammen. Sein Punkerimage scheint lupenrein, solange Campino Bayern, Kohl und korrupte Fernsehregisseure haßt und andererseits den FC St. Pauli und linke Hooligans verehrt. Doch die Grenzen zwischen Punk und Snobismus verwischen immer mehr, wenn Campino zugibt, daß er es nur ungern sieht, wenn die Hosen nur die zweitbestbezahlte Band einer Veranstaltung sind, daß es sich bei Festivals um sechsstellige Summen dreht und daß er die englische Queen verehrt. Das paßt leider überhaupt nicht ins Bild eines echten Punks. Vielleicht ist er einfach nur zu ehrlich, sonst würde er wahrscheinlich lauthals »God save the Queen« grölen und sagen, daß er 1.000 Groupies hat und nicht mit Bierflaschen ins Bett geht, wenn er sich alleine fühlt.

Fest steht – für die Toten Hosen ist Fußball die Fortsetzung des Rock 'n' Roll mit anderen Mitteln. Vor jedem Auftritt stecken sie ihre Köpfe zusammen und murmeln beschwörend: »Nur das nächste Spiel zählt« (Cosmopolitan, 1.11.96). Ihre Fußball-Musik-Verwandtschafts-These geht so weit, daß sie jeden Bühnenauftritt im Fußballfachjargon besprechen. Das führt natürlich auch dazu, daß die Toten Ho-

sen und ihre Musik von der Presse bei jeder Gelegenheit mit Fußball in Verbindung gebracht werden.

»Ihre Refrains klingen wie Schlachtgesänge aus der Westkurve«, schreibt Tempo. Der gemeinsame Nenner: laut, wild und schnell.

Daß sie bei der WM '90 nicht so weit gehen, zur deutschen Mannschaft zu halten, deutsches Bier zu trinken und deutsche Pizza zu bestellen (obwohl es laut Campino in Düsseldorf ohnehin die beste gibt), ist eine Sache. Und daß sie nicht unbedingt auf die deutschen Spieler stehen, die andere. Campino hält zu England, sein Lieblingsverein ist der FC Liverpool, vielleicht, weil er eine englische Mutter hat und auch, weil da der Punk herkommt. »Die Engländer haben eine sympathische Haudrauf-Mentalität. Sie laufen sich die Lunge aus dem Hals, auch wenn sie keine Chancen haben. Und sie schießen aus allen Lagen. Und nach dem Spiel wird auch mal Bier getrunken. Deutsche Fußballer schonen ihre Knochen, quatschen schöngeistig daher, sind angepaßt und können nicht über den eigenen Tellerrand gucken« (Playboy 3/96).

Andi hält zu Kamerun. Er träumt davon, irgendwann einmal, im Endspiel einer Weltmeisterschaft fünf Minuten vor Schluß eingewechselt zu werden. »Und dann mach' ich das entscheidende Tor – da würd' mir mächtig einer abgehen«, sagt Andi (Tempo 6/90), worauf Campino zu bedenken gibt, daß da außer Andi wahrscheinlich keiner rumsitzt, der auch noch weiß, wie ein Ball aussieht. Breiti steht auf Brasilien, warum, weiß keiner so genau. Trini liebt sie alle, je schriller, desto besser. Kuddel und Wölli, der seit geraumer Zeit den Ehrentitel »Kirschwasserkönig« trägt, mußten 1990 mit nach Italien fahren, weil sie mit ihrem weniger ausgeprägten Interesse am deutschen Lieblingssport eindeutig in der Minderheit sind. Schließlich sind die Toten Hosen ein verschworener Haufen, und alles wird demokratisch abgestimmt. Egal, ob es dabei um die Songs geht, die auf das neue Album kommen, oder um die Umdrehungszahl des Motors, bei der man in den nächsten Gang hochschalten muß. Eigentlich geht es ihnen in Italien ebensowenig wie bei jeder anderen WM um Gewinnen oder Verlieren, sondern um den Krach, die Power und das Vergnügen. »In diesem Land ist eh jeder laut. Die Motorroller, die Mamas, die Gören. Oder wer hat hier jemals ein Fahrrad gesehen?« kommentiert Trini die Lage (Tempo 6/90). In der Schweiz sind die Hosen einmal von 30 Fußball-Hooligans gejagt worden. »Einen haben wir plattgemacht«, erinnert sich Campino, »zwei von uns mußten ins Krankenhaus« (Tempo 6/90). Besonders komisch fanden sie das allerdings nicht; Campino haßt es, wenn er sich schlagen muß.

Andi freut sich über die vielen Deutschen, die während der Anreise nach Italien im Stau stehen, auf italienische Autofahrer fluchen und dann auf der Rückfahrt feststellen müssen, daß ihnen ihr Autoradio abhanden gekommen ist. Sie mögen die deutsche Nationalmannschaft im Grunde nicht besonders, mit Ausnahme von zwei, vielleicht drei Spielern. »Ente« Lippens fänden sie okay und alle, bei denen irgendwann mal eine Sicherung durchgebrannt sei. Es gibt Fußballgeschichten, über die sich die Hosen tagelang unterhalten können. Rudi Brunnenmeier, der Mann, der bei 1860 München Mittelstürmer war und Jahre später eine Tankstelle mit dem Messer in der Hand überfallen wollte. Oder Stan Libuda, dem Flankenkönig von Schalke, der Deutschland zur WM nach Mexiko schoß. Das Tor feiert er mit seinen Kumpels noch am Tresen, da hatte er seinen Pelzmantel längst verpfändet und mußte seine Mutter wieder regelmäßig um Taschengeld anpumpen. Oder über ein Land wie Honduras, das El Salvador im Jahre 1969 nach einem verlorenen Qualifikationsspiel den Krieg erklärt. Das sind die Kicker-Stories, die man sich während der WM in einem »Scheißkaff« wie Mailand erzählt. Das heißt nicht, daß sie nicht wirkliche Fußballfans wären. Fast alle Mitglieder der Band haben als kleine Jungs in Vereinen gekickt. Trini Trimpop hat man sogar einen Profivertrag bei Rot-Weiß Lüdenscheid angeboten, den er aber wegen »Drogen, Weibern und der Gang« abgelehnt hat. Es vergeht auch kein organisiertes Freundschaftsspiel zwischen Musikjournalisten, Konzertagenturen, Kneipenmannschaften oder anderen Fußballverrückten, an dem die Toten Hosen nicht teilnehmen würden.

Das gleiche gilt für Rallye-Fahrten, Eishockey-Matches und so weiter. Im August 1995 spielen die Hosen, verstärkt durch ein paar DEG-Profis, vor 11.000 Fans in einem Eishockey-Match gegen die Leningrad Cowboys aus Helsinki. Das Benefizspiel wird als »Powerspiel des Wahnsinns« angekündigt. Die Mannschaftstrikots der Hosen haben Aufdrucke von Totenschädeln mit gekreuzten Knochen. Die Leningrad Cowboys, die angeblich »schlechteste Rockband der Welt«, haben sich ebenfalls professionelle Hilfe gesichert. Mit Unterstützung der finnischen Nationalmannschaft gelingt ihnen schließlich ein knapper 11:10-Sieg. Der Schiedsrichter flattert mit weißer Lockenperücke und schwarzem Cape übers Eis. Es seien wohl einige Regeln außer Kraft gesetzt worden, erklärt danach ein DEG-Spieler, aber die Kasse hat doch geklingelt. 160.000 Mark kommen für ein Kinderzentrum und die DEG-Jugendarbeit zusammen.

Zwar hatten die Zuschauer ein echtes Happening erwartet, aber die Toten Hosen, so schreibt die SZ, hätten das Spiel unerwartet ernst genommen.

Privat wird häufig mit Freunden und der gesamten Crew gekickt. Campino rühmt sich, alles umzutreten, was sich bis auf 10 Meter dem Strafraum nähert. Breiti, der meist als Mittelstürmer spielt, vergißt immer, wie viele Tore er schon geschossen hat. Allein für die WM-Karten hatten sie eine fünfstellige Summe angelegt, ein Spiel pro Spieltag mal sechs plus Troß. »Jede WM ist für die Band eine große Zerreißprobe«, meint Campino. »Da geht es um alles. Da kommt zwischen uns der blanke Haß zum Vorschein. 1986 haben wir zu Hause in unserem WM-Studio schon im Viertelfinale unsere Band aufgelöst« (Tempo 6/90). Dann sind die Hosen also 1990 und 1994 noch mal glimpflich davongekommen. Keiner hat den anderen umgebracht, und die Band wird wahrscheinlich noch mindestens die nächsten vier Weltmeisterschaften überstehen, wo sie doch schon vier geschafft hat.

Übrigens – den Opel, mit dem die Hosen seinerzeit in Mailand waren, hat die Polizei auf der Rückreise beschlagnahmt. Gründe: zu breite Reifen, zu großer Motor. Das hält die Hosen aber mitnichten davon ab, den nächsten Opel genauso zu stylen ...

Ein etwas spezifischer Humor. »Was geht in den Toten Hosen vor?« fragt sich eine Cosmopolitan-Autorin, nachdem die Band sie nach Düsseldorf-Flingern, wo alle Hosen wohnen, zum »Candlelight-Dinner« eingeladen hatte (Cosmopolitan, 1.11.91). Bei ihnen ist eben alles anders als bei »normalen« Leuten. Die Tischdecke liegt auf dem Boden, die Hosen auch. Zu essen gibt es aus Dosen. Trini hat die Etiketten vorher entfernt und kündigt rheinisches Roulette an. Ein schönes Spiel: Wer das Katzenfutter kriegt, hat gewonnen. Nachdem ihr eine Dose mit rosa Matsche vorgesetzt wird, hat die Dame allen Grund, sich als Gewinnerin des Abends zu fühlen. Doch Campino beseitigt jeden Verdacht, indem er eine Einführung in Sachen Hosen-Humor vom Stapel läßt, der einen immer wieder kalt erwischt, obwohl man seelisch bei ihm darauf vorbereitet ist, daß er jede Sekunde einen Vogel abschießt.

Luxus finden die Hosen nicht nur im kulinarischen Bereich überflüssig. Der Bunten erzählt Campino, eigentlich hätten sie eher aus Versehen viel Geld verdient, aber Geld zu machen und Geld zu behalten seien ohnehin zwei völlig verschiedene Dinge. Er persönlich leiste sich den Luxus, sich einfach nicht um Geld zu kümmern. Er überlege nicht, wo er sich welche Immobile hinstellte und gucke lieber die Sportschau. Das dürfte sich allerdings spätestens seit JKP geändert haben.

Die Band ist auch in ihrer Freizeit zu 90% zusammen, was bei anderen Musikern eher unüblich ist. Kuddel übernimmt gerne die Rolle des Kochs, Campino ist auch in der Freizeit Chefkomiker. »Ich habe drei Blumen. Die gieße ich regelmäßig. Und wenn ich verreist bin, dann kümmert sich jemand darum. Ich habe keinen Bock, daß jemand in meine

Bude kommt und gleich merkt: Hier wohnt ein Mann, und zwar ganz alleine. Blumen sind der beste Weg, um zu zeigen: Vielleicht ist jedoch eine Frau im Haus« (Bunte, 6.5.93). Spätestens seit er dies erzählt hat, weiß es jeder. Campinos Freundin Gabo lebt als Fotografin in Hamburg. Sehr treu sei er, erzählt er in einem Interview (Playboy 3/96), und seine Beziehungen zu Frauen seien auch grundsätzlich sehr stabil.

Campino, der nicht nur auf der Bühne als großer Entertainer gilt, kann Mimik und Stimmung schneller wechseln als ein Chamäleon die Tarnfarben. Der Prediger, wie er wegen seines ausgeprägten Mitteilungsdranges genannt wird, beherrscht alle Formen der Kommunikation, auch die nonverbalen. Wenn es Kuddel zuviel wird, schaltet er schon mal den Fernseher ein, auch wenn nicht gerade die Sportschau kommt. Die gehört übrigens zum regelmäßigen Pflichtprogramm aller Hosen: mit Bierchen und Zigarettchen, wie für rund zehn Millionen andere Deutsche.

Außer für musikalische Projekte geben die Hosen privat nur für Reisen viel Geld aus. »In meiner Düsseldorfer Wohnung bin ich, wenn es hoch kommt, acht Wochen im Jahr. Den Rest der Zeit bin ich unterwegs. Einen Ort gibt es, wo ich immer wieder hinkomme. Das ist Cornwall, England, wo meine Großmutter früher lebte. Da habe ich bis heute Verwandte. Auf den Klippen, wo ich früher immer gespielt habe, wurde die Asche meiner Großmutter ausgestreut. Die Engländer sehen das locker. Hier in Deutschland bekäme man wahrscheinlich eins wegen Umweltverschmutzung an die Backe« (Bravo 23/93).

Es klingt zwar nach englischem Humor, wenn Campino vom Tod spricht, aber er sagt, daß auch seine Asche irgendwann in Cornwall über die Klippen wehen soll. Sein Testament hat er bereits geschrieben.

11

KNASTKONZERT

DIE TOTEN HOSEN SPIELEN ÜBERALL: IN KLOSTERSCHULEN, KNÄSTEN, IN WOHNZIMMERN UND AUF DER ALM

Einen Tag vor Heiligabend, am 23. Dezember 1995, haben sich rund 400 Häftlinge der Düsseldorfer Justizvollzugsanstalt »Ulmer Höhe« in der Kirchenkapelle versammelt. Grund: An diesem Tag geben die Toten Hosen ein Weihnachtskonzert für die Knackis ihrer Heimatstadt.

Im Publikum sind von Totschlag bis Drogenhandel alle Delikte vertreten. Nur die ganz schweren Fälle müssen draußen bleiben. Vielen ausländischen Gefangenen sind die Toten Hosen kein Begriff. Egal. Hauptsache, es kommt mal jemand, der den Alltagstrott im Knast ein bißchen aufmischt. In der Ulmer Höhe werde allerdings viel unternommen, um den Häftlingen die Zeit ein wenig abwechslungsreicher zu gestalten, darüber sind sich alle Häftlinge einig.

»Zwischen Weihnachten und Neujahr ist es besonders schlimm«, sagt einer von ihnen. »In diesen Tagen wird auch der härteste Kerl weich. Wenn man in der Zelle hockt und da draußen die Raketen und das Geschrei hört, dann geht es einem richtig mies.« Genauso sei es mit den Adventskränzen, die auf den Gängen hängen: »Da kommt man nur noch schlechter drauf«, sagt er (FR, 27.12.95). Doch der 23. Dezember ist eine große Ausnahme. Ein Höhepunkt, den man ohne jeden Anflug von Sentimentalität genießen kann: der

Auftritt der Toten Hosen. Das beste Weihnachtsgeschenk, das man den Gefangenen machen kann.

Zunächst checken die Hosen den Sound. »Es ist nicht laut genug«, brüllt Campinos Stimme aus den Boxen.

Als die Düsseldorfer Punks, die sich im Knast sichtlich wohl fühlen, mit voller Power loslegen, können alle sofort so richtig Dampf ablassen, ohne daß ein falscher Verdacht aufkommt. Genau das wollen die Hosen: ablenken vom Frust und den Knackis die Möglichkeit bieten, ihre Aggressionen beim Konzert mit voller Wucht rauszulassen. Beim Song »Jeden Tag stirbt ein Teil von Dir« erntet Campino Pfiffe. Am besten kommen »Eisgekühlter Bommerlunder«, das »Altbierlied« und das ganze, altbewährte Repertoire an. Alle grölen mit: »Wir haben in Düsseldorf die längste Theke der Welt.«

Alkohol ist offiziell verboten. Die Hosen haben Altbier in Wasserflaschen mitgebracht (Prinz, 1.2.96).

Die ganze Halle ist braun-weiß dekoriert. Zuletzt hatte dort die Kelly-Family gespielt, und die muß nun mit aller Gewalt ausgetrieben werden. Neben »Opel Gang« und »Hier kommt Alex« kommen auch alte Punksongs wie »Police on my back« oder »Born to loose« von Johnny Thunders, der drei Tage nach den Aufnahmen mit den Hosen den typischen Rock 'n' Roll-Tod gestorben war, bei den Häftlingen gut an.

Bei einer leicht sarkastischen Version des Freiheitsliedes »Guantanamera« stürmt ein wutentbrannter spanischer Häftling auf die Bühne und hebt Campino auf seine Schultern. »Wenn du auf die Fresse fliegen willst, dann bitte vorne herum ins Publikum«, grölt er (Prinz, 1.2.96). Gerne stürzt sich Campino kopfüber von den turmhohen Boxen in die tobende Menge. Er wird immer aufgefangen, klar, aber dann wollen sie ihn festhalten. Die Masse schleudert ihn immer wieder hoch, manchmal mit verrenktem Körper und schmerzverzerrtem Gesicht. Meist dauert es ein paar Minuten, ehe die Security ihn wieder auffängt und ihn vor dem tobenden Publikum in Sicherheit bringen kann. »Das ist ein Ding, das ich mit mir selbst ausmache«, sagt Campino übers Stagediving. »Es ist reine Gefühlssache, keinesfalls ein Teil des Showprogrammes. Wenn ich gute Emotionen spüre, dann nichts wie rein. Manchmal geht es aber auch ultrahart zu, und dann kann es sein, daß ich es einfach wissen will« (Cosmopolitan, 1.11.91). Sicher, bei den ersten Knast-Gigs hat er sich schon mal gefragt, was passieren würde, wenn plötzlich einer ein Messer hätte. Aber bisher gab es noch nie Probleme.

Kaum steht er wieder auf den Beinen, ist »Nichts bleibt für die Ewigkeit« an der Reihe.

Nach der würdigen Live-Premiere des Songs reicht Campino die Wasserflaschen herum, um mit den Häftlingen auf das neue Album und auf das Leben danach anzustoßen. Auch die Justizvollzugsbeamten wissen, was in den Flaschen ist – aber es ist Weihnachten. Und keiner hat etwas bemerkt. Nach anderthalb Stunden kündigt der Frontmann »Mehr davon« und »Wünsch dir was« an.

Als dezente Aufforderung zum Abgang in die Zellen dröhnen die Sex Pistols »Holidays in the Sun« vom Band. Das Licht geht wieder an, die Häftlinge werden einzeln zurück in ihre Zellen geführt. Die Euphorie ist schnell verflogen. Dennoch schätzt man Veranstaltungen wie diese. »In diesem Knast kümmert man sich sehr um uns. Ich weiß, wovon ich rede, ich habe auch andere schon von innen gesehen …« (FR, 27.12.95).

Die 14- bis 18jährigen Häftlinge sind sauer, weil sie »aus Sicherheitsgründen« nicht dabei sein durften. Sie sollen nicht mit den älteren Gefangenen in Berührung kommen. Dafür

dürfen die Hosen die Jugendlichen auf ein Plauderstündchen in ihrem Bau besuchen, bevor sie im Nebengebäude zur Tat schreiten. Einer von ihnen fragt gleich zur Begrüßung, ob sie ihnen denn »wenigstens was zu rauchen« mitgebracht hätten. Die Stimmung ist nicht besonders gut, denn auch im Knast befinden sich die größten Hosen-Fans unter den jüngeren Leuten. Andi verspricht ihnen, daß sie nächstes Jahr nochmal vorbeikommen, um mit der Knast-Band zu spielen. Die einzige Weihnachtszeremonie, die die Hosen den jungen Knackis bieten können, ist eine A-cappella-Version von »Bis zum bitteren Ende«. Jeder der Gefangenen kann den Text mitsingen.

In der »Ulmer Höhe« haben die Toten Hosen unvergeßlichen Punk gemacht. Die Lautstärke der legendären Knast-Auftritte von Elvis, Frankie Boy und Johnny Cash haben sie wahrscheinlich um Längen überboten. Eine würdige Präsentation des neuen Albums »Opium fürs Volk« ist den Hosen damit gelungen.

Die Düsseldorfer haben schon häufig in deutschen Justizvollzugsanstalten gespielt. In den Jahren davor haben sie in Berliner und Hamburger Gefängnissen ordentlich eingeheizt.

»Trotz der Sicherheitsvorkehrungen lief das bisher immer erstaunlich locker ab«, erzählt Campino. Für die Ulmer Höhe war das bereits der zweite Auftritt der Hosen. »Beim letzten Mal sind wir noch durch die Zellentrakte gegangen, um uns zu verabschieden. Da haben wir den besten Applaus unseres Lebens bekommen. Alle Gefangenen haben zum Dank mit den Bestecken auf den Tellern geklappert. Ich kam mir vor wie Frank Sinatra in Sing Sing«, erinnert sich Campino (Frankfurter Rundschau, 27.12.95).

Eigentlich ist der Jailhouse-Rock in deutschen Gefängnissen immer noch unüblich. Allein der Lärm ist vielen Direktoren nicht ganz geheuer. Wenn ein Konzert stattfindet, spricht sich das unter den Häftlingen schnell herum, und die Insassen anderer Anstalten beschweren sich dann, daß die Hosen nicht auch bei ihnen auftreten.

Die Tradition, Konzerte an den ungewöhnlichsten Orten der Republik zu geben, ist bei den Hosen so alt wie sie selbst. Den ersten kleinen Skandal hatte es 1986 gegeben, als die Hosen im Rahmen ihrer »Magical Mystery Tour« im Anbau der Villa des ehemaligen niedersächsischen Ministerpräsidenten Albrecht ein Gratis-Konzert gegeben hatten. Auf Einladung des Sohnes Barthold Albrecht, damals 19, hatten die Hosen vor 70 Leuten in den Räumlichkeiten gespielt, in denen des öfteren auch Staatsgäste dinierten. Mutter Heide Adele, die am Abend kurz vorbeischaut, sichtet tags darauf Pfützen auf dem polierten Parkettboden, zahlreiche leere Bierdosen und eine zersplitterte Toilettentür. Trotzdem empfand sie die Party als Bereicherung, erzählt sie dem Spiegel. Dort ist auch nachzulesen: »Als sich die Hosen nach der kurzen Nacht im Gästezimmer der Albrechts an den liebevoll gedeckten Frühstückstisch setzten, fehlte der Ministerpräsident.«

Diese Meldung läßt Trini Trimpop von den Hosen nicht auf sich sitzen und dementiert eine Woche später im selben Magazin: »Wir, die Toten Hosen, spielen im Rahmen unserer Magical Mystery Tour (das heißt Gratis-Konzerte bei Fans zu Hause im Wohnzimmer, Partykeller usw.) sowohl in besetzten Häusern als auch u. a. beim Sohn des Ministerpräsidenten Albrecht. Es hätte ja lustig werden können ... Leider blieb die von Ihnen angedeutete Liberalität der Albrechts draußen vor der Haustür. Drinnen begegnete uns kleinbürgerliches Spießbürgertum, als ein billiger Souvenirteller ungewollt zu Bruch ging. Das ›liebevolle Frühstück‹ bestand nur aus dem Nötigsten: Kaffee, Brot und Butter. Herr Albrecht schlief nicht mehr, sondern forderte uns am Morgen danach hysterisch schreiend auf, sein Haus zu verlassen. Wir legen ausdrücklich Wert darauf, daß nicht der Eindruck entsteht, wir wären Wahlhelfer der CDU. Keine Partei ist weiter von uns entfernt als diese, höchstens die NPD, um es mal in der Art des Herrn Kohl zu sagen. Nie mehr bei Ministerpräsidenten!« (Spiegel, 8.12.86).

1993, die Hosen sind berühmter und ihre Zeit ist knapper, halten sie sich drei Monate lang frei, um die alte Tradition fortzusetzen. Die meisten von den Hosen Beglückten atmen erleichtert auf, wenn die Band das Haus verlassen hat, egal wie witzig der Vorabend auch gewesen sein mag. Neben der angenehmen Erinnerung an die Partytime bleiben immer auch Bierlachen und Zigarettenkippen, ein paar ramponierte Möbelstücke, zerbrochene Gläser und andere übliche Partyfolgen zurück. Die Nachbarn können sich manchmal wochenlang nicht beruhigen, weil Hörschäden vom

Punkabend immer noch auf Ohren und Laune drücken. Die Polizisten, die irgendeiner immer ruft, ziehen sich am nächsten Morgen meist erleichtert zurück.

Auch die Jungschwester eines katholischen Mädcheninternats hat den Hosen eine Bewerbungskarte geschickt und lädt die Band im bayrischen Altötting zum Konzert.

So sind im Klassenzimmer der 8a Texte zu hören wie: »Hey, hallo, es wird nie mehr so wie früher – ohne Tripper, ohne Aids, ohne Syph und ohne Gummiüberzieher.« Anderthalb Stunden läßt man es so richtig krachen, danach sind alle schweißgebadet. Schwestern und Direktor halten dabei einen Sicherheitsabstand, um Gehör und Moral zu schonen. Schwester Oberin filmt den Auftritt und hält anschließend mit Campino noch ein Pläuschchen über den schönen Garten des Internats. Der Direktor meint, aus der Entfernung könne man all das durchaus ertragen.

»Ich hätte nie gedacht, daß katholische Hardliner so tolerant sind«, meint Campino, der hinterher mit Band und Schwester Oberin noch ein Bierchen trinken war (Stern, 8.7.93). Es sei den Toten Hosen schon etwas schwergefallen, so viele anmutige Geschöpfe »nur ansehen« zu dürfen ...

Einen Tag danach kraxeln die Hosen auf die in 1.500 Meter Höhe gelegene Raxalpe bei Wien und geraten in einen Hagelschauer. Der Aufstieg dauert zwei Stunden, und das Konzert vor vier Leuten wird ein voller Erfolg: 3/4 aller Anwesenden sind begeistert. Nähere Informationen wollen die Hosen über ihren Auftritt auf der Alm nicht verlauten lassen ... außer, daß sie Muskelkater haben und erkältet sind.

Ein anderes »sehr nettes Konzerterlebnis« haben die Hosen auf einer Hannoveraner Hochzeit. Ein stadtbekannter Punk möchte seiner Ex-Freundin aus gegebenem Anlaß eine besondere Freude machen – und ruft Campino und seine Band an. »Der einzige Punk war der, der uns angerufen hatte«, obwohl das Ereignis als Punkerhochzeit verkauft wurde, so Campino. Die Brautleute sind wenig angetan von dieser Überraschung. Man wollte ganz normal bürgerlich in einem Bistro feiern, ohne derartige Zwischenfälle. Eine Situation, die Campino um so mehr begeistert: »Zieht Euch aus, und ihr seid in der Zeitung«, fordert er die etwas steife Hochzeitsgesellschaft auf (Stern, 8.7.93).

Bei der Polizei laufen einstweilen rund 30 Beschwerden über Ruhestörung ein, so daß die Polizisten recht bald auf dem Parkett stehen. »Ich wollte früher auch immer Bullenschwein werden«, begrüßt Campino die Gesetzeshüter, während dem Pärchen der Angstschweiß auf der Stirn steht (Stern, 8.7.93). Die Polizei zieht unbeleidigt wieder ab, und das frischgebackene Brautpaar überlegt angestrengt, wie es die erste eheliche Krisensituation meistern soll. Campino und Band haben vorzüglich gespeist. Das war überhaupt das Wichtigste.

Am sechsten Tag ihrer Magical Mystery Tour treten die Punks in der Psychiatrischen Abteilung des Allgemeinen Krankenhauses Hamburg-Ochsenzoll auf. Die meisten Patienten bleiben auf dem Boden sitzen, als die Hosen in die Seiten greifen und Campino lauthals »Hier kommt Alex« grölt. Skeptisch schauen sie sich die Darbietung an.

Nur eine dünne Linie auf dem Boden trennt die Band vom Publikum. Doch hier scheint zum ersten Mal die Barriere zwischen Stars und Zuschauern unüberwindbar zu sein, keiner klatscht, singt oder zeigt irgendeine Gefühlsregung. Erst, als Campino den Saal verläßt und im Flur solo weitersingt, kommen ein paar Patienten angelaufen und wollen mehr über ihn wissen.

Der Oberarzt spricht von einem wichtigen therapeutischen Effekt, den man mit dem »Gesang« erreicht habe.

Zum Abschied fragt ein Patient: »Wollt ihr nicht in unsere Wutgruppe einchecken?«

Was manche Leute als Wut auslegen würden, ist für die Hosen meistens nichts weiter als Partylaune, gute Stimmung, die manchmal aber auch ausarten kann. Ein paar Tage später wollte man unaufgefordert ein Privatkonzert in einer vornehmen Stuttgarter Hotelhalle geben. Ein nagelneues Mercedes-Cabrio, das glänzend in der Lobby thront, sollte die Bühne abgeben. Kuddel schreit nach dem »verschissenen Schlüssel«, den ihm aber niemand im Hotel geben möchte. Die 120.000 Mark für das geschrottete Auto bleiben der Bandkasse erspart, und singen – hätten die Hosen sowieso nicht mehr können. Das Vergnügen, so sagen sie später selbst, wäre es nicht wert gewesen (Musik Express, 1.8.93).

12

EINE BAND GEGEN RECHTS

POLITIK & IMAGE

Im Dezember 1992 spielen die Toten Hosen auf dem »Heute die, morgen du«-Konzert gegen Fremdenhaß zum ersten Mal jenen Song, der den Punks knapp einen Monat später eine Anzeige wegen Beleidigung und Volksverhetzung der rechtsradikalen Republikaner einbringt. Der Song geht in die Top-Ten, und der Erlös von einer Million Mark wird dem »Düsseldorfer Appell gegen Fremdenfeindlichkeit und Rassismus« zur Verfügung gestellt.

Da fühlt man sich rechtsaußen verschaukelt, und der Vorsitzende des Düsseldorfer Kreisverbandes der Republikaner versucht, den Text gerichtlich verbieten zu lassen. Ohne Erfolg. Die Staatsanwaltschaft habe gar nicht erst Anklage erhoben, mit der Begründung, der Song würde zur Deeskalation der Gewalt beitragen und die Republikaner müßten sich das Wortspiel Rep-Depp gefallen lassen, das sei Ausdruck künstlerischer Freiheit. Bis entschieden ist, daß es nicht zur Gerichtsverhandlung kommen wird, hängen die Hosen in der Schwebe. Sie bekommen zahlreiche Drohbriefe von Rechtsradikalen, und mehrere Fernsehsender, die die Toten Hosen eingeladen haben, werden ebenfalls unter Druck gesetzt.

»In einigen Fällen ging es so weit, daß wir Angst hatten, sie würden uns wieder ausladen«, sagt Breiti.

Campino freut sich dennoch darüber, daß der Text so aufmerksam durchgelesen und anscheinend auch verstanden worden ist. Auf keinen Fall, so läßt er über Radio ausrichten, sei man bereit, den Text zu ändern. Die Anzeige bezeichnet er als »Witz des Jahres« (Süddeutsche Zeitung, 11.1.93).

Die Aktion der Hosen und ihr Auftritt mit BAP, Grönemeyer und anderen deutschen Rockgrößen hatte Signalwirkung. Auch internationale Bands wie U2 erklären sich mit den Düsseldorfer Punks solidarisch. Eventuellen Kritikern beugt er vor, die ganze Aktion nicht als Populismus und Selbstdarstellung abzukanzeln. »Das wäre der Beweis dafür, daß manche den Ernst der Lage noch gar nicht begriffen haben. Was können Musiker dazu beitragen, um den Rechtsradikalismus in unserem Land zu bekämpfen? Lösungsvorschläge in Zwölfzeilern verpacken? Mit einem Lied die Welt verändern? Das wäre größenwahnsinnige Selbstüberschätzung. Für mich geht es darum, mit anderen Musikern Stellung zu nehmen, mit den Mitteln, die uns zur Verfügung stehen« (Frankfurter Rundschau, 8.12.92).

Dennoch halten einige Radiosender »Sascha« für mißverständlich und spielen den Song nur selten. Um den Text einer größeren Öffentlichkeit zugänglich zu machen, schalten die Toten Hosen ihn in verschiedenen Tageszeitungen als Anzeige. Die Münchner Abendzeitung, die Frankfurter Rundschau und die Mitteldeutsche Zeitung lehnen die Idee aus denselben Gründen, die Zeilen seien mißverständlich, ab.

Nur die TAZ und die BZ haben den Mut, den überaus deutlichen, antirassistischen Beitrag der Toten Hosen in voller Länge abzudrucken.

Die Toten Hosen sind in den vielen Jahren ihres Schaffens schon häufig mit dem Thema Rechtsradikalismus in Berührung gekommen. Erst seit die Band eigene Bodyguards besitzt, fühlen sich die Toten Hosen nicht mehr hautnah von Skins bedrängt. In Konzerten haben diese absolutes Hausverbot. Anfang der 80er Jahre bekannten sich deutsche Skins, die vorher weitgehend unpolitisch waren, plötzlich zu einem ausgeprägteren Rechtsradikalismus, plötzlich waren Skins stolz, deutsch zu sein und tendierten mehr und mehr zu rassistischem Gedankengut.

Und weil Skins von jeher Aggressivität und Radikalismus verherrlichen, eine Vorliebe, die sie mit den Punks teilen, suchen sie gerne Punkkonzerte auf. Ein bißchen prügeln, ein bißchen pogen, Hauptsache wild, laut und ungemütlich. Die Texte ignorieren die Skinheads dabei, wenn sie selbst darin kritisiert werden, gibt ihnen das höchstens Anlaß für eine ordentliche Schlägerei. Auch wenn es immer wieder Punks gibt, die faschistische Symbole zur Schau tragen, unterscheidet sich die politische Grundidee des Punk grundlegend von der der Skins.

»Zwischen 1983 und 86 hatte jede deutsche Punk-Band Lieder gegen Faschismus und Fremdenhaß in ihrem ›Set‹«, erinnert sich Campino, der während dieser Zeit viel Ärger mit Skins hatte. »Bei Polizeiaktionen wurden oft die hilferufenden Punks schikaniert und als Aggressoren behandelt, die Skins ließ man laufen«, so Campino. »Mit dem Fall der Mauer erfuhren die Skins im allgemeinen Nationalbewußtseinskoller einen solchen Auftrieb, daß sie heute viel stärker dastehen als je zuvor« (Frankfurter Rundschau, 8.12.92).

Heute werden die meisten Skins von politisch organisierten, rechtsradikalen Gruppen unterstützt und bilden so ein riesiges, unüberschaubares Netz im ganzen Land. Gefährlich daran sind die vielen schweigenden Mitbürger, die die Skinheads und ihre Taten zwar nicht aktiv unterstützen, die aber hinter vorgehaltener Hand gerne mal verlauten lassen, daß man diese Leute ja irgendwie auch verstehen müsse, bei den ganzen Ausländern, die einem die Arbeitsplätze wegschnappen (Frankfurter Rundschau, 8.12.92).

Die Toten Hosen wehren sich gegen Leute, die sagen, der ganze Rechtsterror in der Bundesrepublik sei nicht so schlimm. 20 % aller Mitbürger unterstellt Campino seit jeher eine tendenziell faschistische Gesinnung. Das Schlimmste daran sei, daß man sich zur Zeit sogar öffentlich traue, diese Meinung mitzuteilen, ohne sich zu schämen.

»Beim Thema Rechtsradikalismus muß jeder Grabenkrieg zwischen Freunden, Feinden und Rivalen ein Ende haben. Wenigstens in dieser Sache sollten wir alle entschlossene Solidarität beweisen. Denn dieses Mal hilft uns kein Onkel aus Amerika, und auch der Bruder aus der Sowjetunion hat eigene Probleme. Dies ist eindeutig und allein unsere Angelegenheit« (Frankfurter Rundschau, 8.12.92).

Die Hosen zählen auf die Multi-Kulti-Gesellschaft, die Deutschland zu einem anderen Land gemacht hat. »Der ganze Ordnungswahn, die typisch deutschen Tugenden eben, sind nicht mehr so wichtig. Das haben die Ausländer gebracht«, sagt Campino (FR, 8.12.92).

Im Münchner Szeneladen P1 haben die Toten Hosen einmal einen Barkeeper beinahe verprügelt, der einem schwarzen Mitarbeiter der Hosen gesagt hat: »Neger, du kriegst kein Bier, nur Selters!« (Playboy 3/96). Nach einer etwas lauten Auseinandersetzung kapituliert man schließlich im P1 und stellt den Hosen versöhnlich vier Tabletts mit Bier auf den Tresen. Als sie dachten, alles wäre wieder in Ordnung, steht auch schon die Polizei hinter ihnen ... In den Jahren 1991/92, als eine Reihe rechtsextremer Terroranschläge gegen Ausländer Deutschland bewegt, greifen Campino und seine Hosen mit Engagement bei allen möglichen Antifa-Veranstaltungen ins Geschehen ein. Einige Medien werfen den Hosen prompt vor, es handle sich dabei um eine Strategie, weil die Toten Hosen früher in erster Linie für Spaß, Chaos und Nonsens bekannt gewesen seien. Die Titanic stellt die Toten Hosen als lallende Jusos dar, und die TAZ wirft ihnen die »Weizsäckerisierung des Punk« vor, also eine gewisse Weltoffenheit, die sich nach keiner Seite festlegen möchte und sich dadurch vom Ideal des Punk immer weiter entfernt. Somit sind die Hosen den Medien nicht mehr radikal genug. Im Interview mit dem Spiegel sagt Campino, man könne es sich noch lange nicht leisten, komplizierte, intellektuelle Texte zu machen. »Wir spielen für die Kids auf den Straßen. Die wollen wir nicht der Bild-Zeitung oder reaktionären Bands überlassen« (Spiegel, 11.11.91). »Ich zahle einen Preis dafür, daß ich Dinge sage, die mir wichtig sind. Wenn ich dann sofort als politisch korrekt verheizt werde, ist mir das egal. Es gibt so viele Bereiche, wo wir politisch nicht korrekt sind« (Playboy 3/96).

Sie selbst bezeichnen sich als eine Mischung aus Mafia,

Autofahrern und schlechten Musikern. Wenn sie sich irgendwo so benehmen sollen, wie man es von ihnen erwartet, dann beginnen sie, sich zu langweilen. »Wir reden dann dummes Zeug und versuchen, den ganzen Quatsch zu karikieren. Wir sind in der Öffentlichkeit nicht anders, als wenn wir im Bandbus sitzen« (Spiegel, 11.11.91).

Die meisten Leute halten die Hosen noch immer für eine unberechenbare Gruppe, die immer für neue Skandale gut ist. Ein Image, welches die Hosen durch regelmäßige, manchmal auch negativ-destruktive Ausfälle sorgsam pflegen. An diesem einen Punkt endet das allgemeine Verständnis für die Punks. Ihre Lust auf Destruktion entstehe dabei meist aus guter Laune und nicht aus böswilliger Zerstörungswut. So erzählt Campino in einem Interview von einer Straßenbahn in Wien, die seine Fans auf dem Weg zum Hosen-Konzert abgefackelt haben. »Die Fans haben dabei gesungen, und ich kann mir vorstellen, daß in so einer festlichen Stimmung ein Lagerfeuer angesagt war«, erzählt er, wahrscheinlich rein provokativ. »Das war eine spontane Freudenkundgebung, mehr nicht. Wenn Zerstörung zum Ritual wird, läuft natürlich was falsch. Ich glaube aber, daß jeder Jugendliche einmal eine Scheibe eingeschlagen haben muß, um dieses Gefühl zu kennen, diese Kraft ...« (Playboy 3/96).

Campino selbst hat als Kind mal ein vollmöbliertes Haus verwüstet, das abgerissen werden sollte. Das Gefühl, eine Scheibe klirren zu hören, hat ihn offensichtlich weitergebracht. Das dürfte ihm nur mit seiner Musik noch ein paarmal widerfahren sein.

Später sind bei Straßenkonzerten zahllose Fahrzeuge zu Bruch gegangen, und in einigen Hotelzimmern war leider nichts mehr im »Normalzustand«, wenn die Hosen es verlassen hatten. Im Münchner Parkcafé haben die Punks die

Räumlichkeiten einmal ausführlich mit dem Feuerlöscher versorgt, angeblich habe einer gerufen: Es brennt. Kaputte Autos und demolierte Hotelzimmer können natürlich unter die Rubrik »lustig« fallen, wenn man die Schäden anschließend aus der Portokasse bezahlen kann.

Ein weiteres beliebtes Spiel der Hosen war in der Vergangenheit das Zechprellen, das weder originell noch besonders einzigartig ist, weil es viele Jugendliche zum Leidwesen der Gastwirte sehr häufig praktizieren. Ob das Lokalverbot in vielen Düsseldorfer Kneipen für Campino heute noch gilt, ist fraglich. Wie man weiß, unterhält er sich heute auch mit »Krawattenträgern« und kann die Zeche im Zweifel für alle Anwesenden mitbezahlen.

Aber daß sie ein bißchen ziviler geworden sind, ohne dabei einzuschlafen, spricht nicht gegen, sondern für die Hosen. So hören ihnen auch Jugendliche zu, die keine Irokesenfrisuren tragen, nicht in besetzten Häusern wohnen und nicht unter zwanghaftem Zerstörungswahn leiden. Das macht die Toten Hosen heute glaubwürdiger als je zuvor.

Wer 14 Jahre lang bewiesen hat, daß man Punk machen kann, in einer Zeit, wo Punk eigentlich längst tot ist, der hat seinen Beitrag zur kulturellen Vielfalt geleistet. Die Messages der Toten Hosen sind immer wieder neu und basieren doch auf dem alten Grundgedanken des Punk. Eine Gratwanderung, die manchmal nicht so leicht ist.

13

ANHANG

GESCHICHTE AUF EINEN BLICK

1982
Gründung der Toten Hosen.

Campino, Kuddel, Breiti, Trini und Andi gründen den CLUB DER TOTEN HOSEN. Sie gehen im selben Jahr auf Deutschlandtour. Ihre Auftritte dauern in der Regel nicht länger als eine halbe Stunde. Die Anlagen sind geliehen und werden von der Band meist in fast schrottreifem Zustand zurückgegeben.

1983
Zwischen zwei Auftritten spielen die Toten Hosen die Single Bommerlunder ein. An nur einem Wochenende wird das Album »Opel Gang« aufgenommen.

Videoaufnahmen zu »Bommerlunder« mit Kurt Raab und Marianne Sägebrecht in einer bayrischen Barockkirche. Das erzbischöfliche Ordinariat ordnet daraufhin die Neueinweihung des Gotteshauses an.

1984
Frankreich-Tournee im Auftrag des deutschen Goethe-Instituts. Nach der Tour wird die Band vom Goethe-Institut als »nicht mehr förderungswürdig« eingestuft.

Im April gehen die Toten Hosen zusammen mit dem »Wahren Heino« alias Norbert Hähnel auf Tour. Der »Wahre Heino« wird danach vom gleichnamigen Volkssänger erfolgreich verklagt.

Die Band tritt in London in der legendären John-Peel-Show im BBC auf. In London verpulvern die Hosen Unsummen für Taxifahrten und andere Vergnügungen auf Kosten ihrer damaligen Plattenfirma EMI. EMI setzt die Hosen deshalb und auf Grund der Heino-Arie an die Luft. Der echte Heino ist ebenfalls bei EMI unter Vertrag.

1985

EMI erwirkt eine einstweilige Verfügung, weil die Toten Hosen auf dem Cover der LP »Unter falscher Flagge« den EMI-Hund als Skelett karikiert haben.

Im Mai gehen sie in Polen, Ungarn und der Ex-DDR auf Tour. In der DDR treten sie mit geliehenem Equipement in Kirchen auf.

Die ersten Feuilletonisten schreiben über die Hosen als ernstzunehmende Musiker. Im Oktober steigt Trini Trimpop als Schlagzeuger aus, weil er sich um rechtliche Streitigkeiten der Band kümmern muß.

1986

Wölli von den Suburbiers aus Berlin steigt bei den Hosen als neuer Schlagzeuger ein. Trini Trimpop übernimmt die Aufgabe des Managers. Die LP »Damenwahl« wird aufgenommen. Im Juni treten die Toten Hosen beim WAA-Festival in Wackersdorf auf, wo mehr als 100.000 Menschen gegen die Wiederaufbereitungsanlage demonstrieren.

Ab September touren sie durch Deutschland. Sponsor der Hosen ist Kondomhersteller Fromms. Bei jedem Konzert werden rund 400 Gummis verteilt. In Karlsruhe und Helgoland erhält die Band Auftrittsverbot. In mehreren Städten kommt es zu wüsten Schlägereien mit der Polizei.

Im Dezember spielen die Toten Hosen ihr berüchtigtes Ständchen beim Sohn des niedersächsischen Ministerpräsidenten.

1987

Aufnahme der LP »Never mind the Hosen – here's Die Roten Rosen«. in Anlehnung an die »Never mind the bullocks«-LP der Sex Pistols. Auf der LP finden sich Coverversionen volkstümlicher deutscher Schlager. Zum ersten Mal verkaufen die Hosen mehr als 100.000 Schallplatten.

Im Juli gehen sie auf Europatournee unter dem Motto »Ein bunter Abend für eine schwarze Republik«. Auftritt beim Roskilde-Festival vor 60.000 Zuschauern. Auf der Tour entsteht das Live-Album »Bis zum bitteren Ende«.

1988

Die Toten Hosen treten in der Bühnenfassung von »Clockwork Orange« am Staatstheater Bonn auf. Der Titelsong des Theaterstücks »Hier kommt Alex« erreicht Kultstatus. Im September treten die Hosen in Italien und Rußland auf. »Ein kleines bißchen Horrorschau« haben die Hosen zu 3/4 für »Clockwork Orange« geschrieben.

1989

Im März gehen die Hosen auf große Tour durch Deutschland, Österreich, die Schweiz. Die Hallen sind meist ausverkauft. Die Band spielt fast jeden Abend ein weiteres Mal vor der Halle, für alle, die keine Karten mehr bekommen haben. Für jedes verkaufte Ticket wird eine Mark an den Lieblingsverein der Hosen, Fortuna Düsseldorf, abgeführt. Ab September nehmen sie »Kreuzzug ins Glück« auf. Dafür arbeiten sie mit Gerhard Polt und den bayrischen Biermösl Blasn zusammen.

1990

Die Toten Hosen berichten für verschiedene Zeitungen und Radiosender von der Fußball-WM in Italien.

Die LP »Kreuzzug ins Glück« erweist sich als wirtschaftlicher Durchbruch für die Hosen. Die anschließende Tournee findet mit vielen Gästen (The Lurkers, Peter and the Test Tube Babies) statt. Zum Tourabschluß finden erstmals einige Konzerte in London statt.

1991

Die Toten Hosen beginnen, zusammen mit ihren Idolen, den alten Punkhelden der ersten Stunde, die Platte »Learning English – Lesson one« aufzunehmen.

Für die Hosen zählen diese Aufnahmen in London, New York und in Rio de Janiero/Brasilien beim Posträuber Ronald Biggs zu den wichtigsten Erlebnissen ihres Lebens.

1992
Die Hosen gehen auf Europatour mit vielen Special Guests, die auch bei den Aufnahmen zur letzten, rein englischsprachigen LP dabei waren.

Im November versucht sich Campino als Kinostar: Er spielt eine Rolle in »Langer Samstag« von Hanns Christian Müller.

Im Dezember wird »Sascha, ein aufrechter Deutscher« veröffentlicht. Die Republikaner versuchen ohne Erfolg, die Single gerichtlich verbieten zu lassen. Die Hosen schalten den Text darüber hinaus in vielen deutschen Tageszeitungen als Anzeige.

1993
Die Hosen nehmen das Album »Kauf mich« auf. Anschließend setzen sie ihre alte Tradition der Magical Mystery Touren fort und spielen von Mai bis Juli ausschließlich auf Privatpartys, in kleinen Clubs, in einem katholischen Mädcheninternat in Bayern und schließlich auf einer österreichischen Alm. Sie treten im Vorprogramm von U2 bei einigen Open-Air-Konzerten auf.

Im September beginnen sie mit den Aufnahmen für das englischsprachige Album Love, Peace & Money. Die Best of Compilation »Reich & Sexy« erscheint.

1994
Zur Reich & Sexy-Tour werden bei 24 Auftritten mehr als 220.000 Zuschauer gezählt.

Erstmals in der Hosen-Geschichte sind drei LPs der Band gleichzeitig in den Charts vertreten. Campino fragt in einem Interview für Spiegel-Spezial Jugendministerin Angela Merkel: »Was ist eine Haschischspritze?« und wann sie einmal richtig betrunken war.

Im September gehen die Hosen auf Welttournee. In den USA spielen sie als Vorgruppe für Green Day.

1995
In Berlin bekommen die Toten Hosen beim Berliner Jugendsender »Fritz« im ORB ihre eigene Show.

Die Toten Hosen und einige Spieler der Düsseldorfer EG unterliegen in einem denkwürdigen Eishockey-Match den Leningrad Cowboys und einer Auswahl der finnischen Nationalmannschaft nur knapp mit 10:11.

Im Herbst beginnen sie mit den Aufnahmen ihrer neuen LP »Opium fürs Volk«.

1996

Bei einer PR-Tour durch verschiedene Fernsehsender für »Opium fürs Volk« pöbelt Campino Harald Schmidt sprachlos. Sie ziehen als Transvestiten beim Rosenmontagszug in Düsseldorf auf einem eigenen Bandwagen mit.

In der neuen Single »Nichts bleibt für die Ewigkeit« wälzen sie sich kunstvoll im Schlamm …

Im März eröffnen sie in Buenos Aires zusammen mit Iggy Pop im River-Plate-Stadion die Show für die Ramones, die dort nach 20 Jahren ihr Abschiedskonzert geben.

DISCOGRAFIE

ALBEN

Opel Gang
1983, EMI
Unter falscher Flagge
1985, Virgin
The Battle of the Bands
Mini-LP, Virgin
Damenwahl
1986, Virgin
Never Mind The Hosen,
Here's Die Roten Rosen
1987, Virgin
Bis zum bitteren Ende
1987, Live-LP, Virgin
Ein kleines bißchen Horrorschau
1988, Virgin
Auf dem Kreuzzug ins Glück
1990, Virgin
Learning English – Lesson one
1991, Virgin
Kauf mich!
1993, Virgin

Reich & Sexy
Best of, 1993, Virgin
Love, Peace & Money
englische Best of, 1993, Virgin
Musik war ihr Hobby
(Box mit den ersten sieben Singles),
1995, Virgin
Opium fürs Volk
1996, JKP

SINGLES

1982	Wir sind bereit
1982	Reisefieber
1983	Armee der Verlierer
1983	Hip Hop Bommi Bop
1983	Schöne Bescherung
1984	Kriminaltango
1985	Faust in der Tasche
1986	Das Altbierlied
1987	Übung macht den Meister
1987	Im Wagen vor mir fährt (als Die Roten Rosen)
1987	Alle Mädchen wollen küssen (als Die Roten Rosen)
1988	Liebeslied
1988	Hier kommt Alex
1988	1000 gute Fründe
1990	Alles wird gut
1990	Azurro
1990	All die ganzen Jahre
1991	Carnival in Rio
1992	Baby, Baby
1992	Whole wide world
1993	Kauf mich!
1993	Sascha – ein aufrechter Deutscher
1995	Nichts bleibt für die Ewigkeit

ANHANG

QUELLEN

Frankfurter Allgemeine Zeitung, Süddeutsche Zeitung, Hamburger Abendblatt, Frankfurter Rundschau, Munzinger Poparchiv, Trans Atlantik, Die Zeit, Die Woche, Musik Express, Der Spiegel, Spiegel-Spezial, Cosmopolitan, Colibri, Stern, Bunte, Die Tageszeitung, Tagesspiegel, Wiener, Tip, Sounds, Hamburger Morgenpost, Die Welt, Kölner Express, Neue Züricher Zeitung, Tempo, Prinz, Berliner Zeitung, New Musical Express, Times, The European, Sunday Times Magazine, Playboy, Tote Hosen Magazin, Bravo

BILDNACHWEIS (S/W ABBILDUNGEN)

Fotex, Hamburg: Nr. 5
Jat, München: Nr. 2, 3, 4, 8, 11
PPW, Max Kohr, Berlin: Nr. 9, 12
Set, München: Nr. 6, 7, 10